AF257683

# UNE EXCURSION

# EN ÉGYPTE.

*(Extrait du feuilleton de la* GAZETTE DU MIDI.)

Alexandrie, novembre 185..

C'était le 28 octobre, depuis vingt-quatre heures j'étais à bord de l'*Euxine*, bateau à vapeur de la Compagnie anglaise Péninsulaire, où j'avais pris passage à Marseille pour Alexandrie. Je me promenais sur le pont, regardant tantôt le sillage écumeux du navire, tantôt les côtes de la Corse à ma gauche, et tantôt celles de la Sardaigne à ma droite, allant toutes deux se rapprocher à l'horizon devant nous pour former le détroit de Bonifacio. Il était dix heures du matin, le ciel était d'azur, la température douce, le vent frais et favorable, la mer commençait à prendre cette belle teinte bleue, chère aux poètes et aux peintres, que le soleil et le ciel du Midi lui donnent toujours', et je n'avais encore éprouvé aucune émotion, aucune impression nouvelle de voyageur; rien enfin ne m'était advenu qu'un extrême ennui depuis mon départ de France. Je songeais vaguement à l'Egypte, où m'appelait une affaire, et je regrettais de penser à l'insuffisance de mes connaissances en archéologie ou en histoire, en botanique ou en peinture, à mon ignorance ès-arts et ès-science enfin, qui m'empêchera de tirer de mon excursion orienta'e

d'autres profits que ceux de mon affaire, si elle réussit, quand
une voix vibrante et accentuée vint me tirer de ma rêverie et
de mes méditations.

— Monsieur, parlez-vous français?... De quel côté s'en va
Paris?...

C'était une jeune Parisienne qui m'adressait ainsi, à brûle-
pourpoint, la parole. Elle n'avait entendu parler qu'anglais
dans la cage flottante où nous étions enfermés, elle et moi,
depuis la veille avec tant d'Anglais et d'Anglaises, que l'on
pouvait se croire, en vérité, en pleine Tamise; et elle était
impatiente sans doute de savoir si quelqu'un à bord pourrait
lui parler de son Paris, qu'il lui semblait n'avoir véritablement
quitté qu'au moment où l'*Euxine* avait perdu de vue Marseille
et ses montagnes.

— Madame, Paris ne s'en va pas, lui répondis-je en prenant place à côté d'elle sur son banc; il est là-bas, là-bas,
lui montrant la direction du nord-ouest. C'est vous qui vous
en allez; et si vous le regrettez tant, — ses yeux semblaient
se mouiller de larmes, — pourquoi le quittez-vous?

— Ah! monsieur, je l'ai voulu!...

Là-dessus, la conversation s'engagea. Les confidences vont
vite à la mer. J'appris bientôt que notre jeune compatriote
s'était mariée le samedi précédent à Paris, qu'elle avait quitté
sa famille le lundi qu'elle s'était embarquée le mercredi à
Marseille, qu'elle avait été malade tout le premier jour de
son premier voyage en mer, ne pouvant penser à rien, et
que pensant enfin tout haut à sa famille et à son Paris, elle
s'en allait tristement à Calcutta avec son mari, établi dans
cette ville, d'où il était arrivé il y avait un mois pour l'épou-
ser, parce qu'il le lui avait promis... il y a trois ans!

Singulière existence que la nôtre, pensais-je en écoutant
les confidences de ma compagne de voyage, devenue plus confiante encore depuis que je lui avais dit que je connaissais la
Chaussée-d'Antin! Elle part, quoiqu'elle regrette tant et le
toit maternel et son Paris qui ne s'en va pas, mais qu'elle
fuit! Elle part et va aux Indes en quête de la fortune, qui
peut-être serait venue la trouver à Paris!

Ma voyageuse, sans être précisément jolie, avait d'abord de
très beaux yeux et une de ces figures expressives qui plai-
sent au premier coup-d'œil. Elle s'est mariée sans grand
amour, m'a-t-elle dit, et uniquement parce qu'elle aussi avait
promis. Sa lune de miel commencée en chemin de fer, va passer pour elle entre les planches ou sur le pont d'un paquebot
de la Méditerranée, dans quelques jours à travers le désert,
puis sur la mer rouge et sur la mer des Indes! Il y avait là
tout un roman intime à faire pour un rêveur tel que moi, et
je le fis *in petto*, je vous assure.

Qui sait, me disais-je, si dans quelques mois notre Parisienne, égarée aux bords du Gange, ne demandera pas un
beau jour à un autre voyageur et sur un autre bateau :

« Monsieur, de quel côté s'en va Calcutta ? » Interrogation d'impatience et de dépit cette fois et non pas de regret. Qui sait qui lui répondra alors à ma place, et ce qui, d'ici là, lui sera devenu ?....

Cette Parisienne s'appelait Lucie. Je puis bien vous dire son nom de baptême ; il y a tant de Lucies sous le soleil , y compris Lucia de Lammermoor. Sans être Arthur. je suis certain que je penserai souvent à elle. Comme le chasseur marseillais qui arriva à Rome en poursuivant son chastre, un romancier émérite aurait peut-être suivi jusqu'aux Indes cette Lucie dépaysée, pour savoir comment finira son histoire. Je n'ai pas tant de vocation.

Quoi qu'il en soit , l'histoire de madame Lucie G ..... ne m'empêcha pas de penser au naufrage de la *Sémillante,* quand nous passâmes tout près de l'île basse et presque à fleur d'eau sur laquelle se perdit, il y a trois ans , notre pauvre frégate avec tout son équipage et ses soldats embarqués , et je n'en regardai pas avec moins de curiosité les rochers aux formes d'animaux fantastiques sur la côte sarde que nous longions de très près, après avoir laissé derrière nous la carcasse du *Phase* échoué sur une roche; ce bâteau de la compagnie française des Messageries impériales dont les journaux nous ont appris le naufrage il y a quelques semaines. Ces bouches de Bonifacio sont donc un bien triste passage ! mais on les passe toujours parce que la route est un peu plus courte pour aller en Orient. Le temps est donc bien précieux que l'on risque tant pour en gagner nn peu ! *Time is money.* J'étais à bord d'un paquebot anglais.

Les bouches de Bonifacio passées, l'*Euxine* longea toute la journée la côte de la Sardaigne, dont nous ne pouvions apercevoir que les caps et les montagnes escarpées, assombries alors par des nuages amoncelés qui semblaient les couvrir d'abondantes averses d'automne; mais la Sardaigne ne disait rien à mon imagination voyageuse, et il me fallut, le lendemain matin, découvrir au soleil levant la belle côte méridionale de la Sicile, pour me faire enfin prendre goût à mon nouveau voyage et pour me rendre aux douceurs des méditations vagabondes et désordonnées de mon tourisme accoutumé. Le 29, à dix heures, nous doublions le cap et passions en vue de Marittimo.

Qu'elle est belle et attrayante cette côte sicilienne où Trapani, la ville au corail, Marsala, la ville aux vins excellens. Mazzara, Sciacca. Girgenti, les ports au soufre, se dessinent au loin en silhouettes blanches sur un fond doré qui allait se perdant alors dans des horizons montagneux, azurés et transparens, comme a su si bien les faire le Lorrain dans ses plus belles peintures ! Comme on comprend, en la voyant si attrayante et si abordable, cette Sicile aux gerbes d'or, que du brûlant rivage où Carthage régnait de l'autre côté du canal formé par l'Afrique, les colons et les soldats se soient si souvent et en si grand nombre lancés sur cette terre si facile au débarquement et si féconde au travail ! Je la regardais du pont de l'*Euxine* avec *tanto amore*, que quelques voyageurs me demandèrent de leur dire les noms de ces villes et de ces montagnes que je signalais au passage en les saluant comme de vieilles connaissances. Je voguais vers la patrie des pyramides, et cependant il me venait comme un regret de m'éloigner, sans la revoir de plus près, de la patrie des grands temples grecs, de cette Agrigente devenue la moderne Girgenti aux ruines si pittoresques et si belles, et où j'avais aussi rêvé, dans un autre voyage d'affaire, une si belle et si douce existence.

Mais la nuit était venue, et avant la nuit l'abominable distraction du dîner anglais à bord d'un paquebot anglais.

Oh ! vous qui tenez à bien vivre, si vous n'êtes pas malades à la mer ; vous pour qui la gastronomie est un art, pour qui Brillat-Savarin est un législateur, vous qui révérez en Carême un bienfaiteur de l'humanité affamée, si vous avez à faire un voyage par mer, ne vous embarquez jamais sur un paquebot anglais ! Là, si le mal de mer ne vous rend pas malades, le dîner vous fera mourir d'inanition plutôt encore que d'indigestion. Fuyez fuyez cette confusion de mêts rôtis et bouillis à n'en plus finir ; ce gâchis de puddings et de pâtisseries de toutes sortes, de sauces, de jus, de coulis, de ragoûts plus insulaires les uns que les autres ! C'est une *olla podrida* monstrueuse à laquelle je condamnerais un gourmet parricide plutôt qu'à la mort ; c'est un festin hypocrite dont j'ai conservé un des menus, pompeusement rédigé par le maître-d'hôtel du bord, et après lequel j'ai quitté la table, où l'on reste, si l'on veut, une heure et demie, n'avant mange qu'une tranche de jambon d'York au naturel et une salade de pommes de terre faite sur mon assiette. Lisez et comprenez !

Si comme moi l'on n'a pas le goût de prolonger par trop de telles séances antigastronomiques, on remonte sur le pont, entre le grand-mât et la chaudière, où les fumeurs peuvent se livrer aux douceurs du cigare. Mais n'oubliez pas, fumeurs émérites, qu'à bord d'un paquebot anglais le cigare est encore *shocking* ; il n'est toléré pendant le jour que dans l'espace réservé aux passagers de seconde classe, parce que la fumée du plus pur Havane pourrait indisposer les délicates misses ou mistresses que vous avez vues tout-à-l'heure se délecter avec quelques verres de *sherry-wine*, aux odeurs et aux fumets de la cuisine que je vous ai dite. Pendant ces séances d'après-dîners ou d'après-déjeûners, on peut à la rigueur nouer quelques conversations qu'on est bien forcé d'avoir avec des compagnons de voyage dont on partage la vie en si intime voisinage pendant toute une traversée. Je ne vous dirai pas les noms et qualités de ceux que je rencontrai cette fois. Je vous ai parlé de Mme Lucie G....,

parce que c'était une compatriote, et à cause de l'étrangeté
de la rencontre. A quoi bon dire que sir un tel, qui couchait
à côté de moi, allait aux Indes pour occuper une place dont
les appointemens de 45,000 fr. par mois ne lui semblaient
pas très-suffisans? Il y avait bien aussi un autre jeune cou-
ple de tourtereaux anglais dont la lune de miel ne paraissait pas encore à son déclin, beaucoup d'enfans pleu-
rards et criards qui retournaient ou allaient à Ceylan, à Sin-
gapore ou à Calcutta. Ce petit monde courait sur le pont
comme dans le square le mieux sablé de Londres, habitués
qu'ils étaient déjà au roulis et au tangage.

Quelques officiers rejoignaient leurs régimens dans l'Inde;
ils ne manquaient pas de prétendre que les cipayes n'existent plus. Mais *I don't speak english*, et mes causeries les
plus fréquentes et les plus intimes étaient avec trois voyageurs hollandais se rendant à Java. Je dois dire que ces messieurs, très-aimables et particulièrement sympathiques à la
France et aux Français, n'ont pas peu contribué à m'inté-
resser par les détails qu'ils me donnaient sur cette belle co-
lonie modèle, où les Hollandais ont introduit un si bel ordre,
et où les indigènes ne sont pas obligés de se révolter pour
être quelque chose; aussi l'incendie indien n'a-t-il pas pu
lancer sur eux la moindre étincelle de bon ou de mauvais
voisinage. Par extraordinaire, messieurs les officiers de
l'*Euxine* se montraient fort aimables avec les voyageurs non
anglais. Ils m'ont fait oublier le nom de certain autre com-
mandant de paquebot de la même compagnie qui, pendant
une traversée de six jours dans une autre mer, m'avait laissé
écorcher abominablement l'anglais chaque fois que je lui
avais adressé la parole, et qui, parlant parfaitement le français, ne me révéla ses connaissances linguistiques qu'à terre,
après boire, dans l'hôtel où nous étions l'un et l'autre des-
cendus pour souper à la même table et coucher sous le même
toit. La rudesse des officiers est-elle peut-être nécessaire
pour la bonne tenue d'un paquebot et pour la supériorité de
la marche? Je ne m'étonne pas qu'en général les paquebots
anglais marchent mieux que ceux des autres nations.

Je vous ai nommé la Sicile en passant; vous dirai-je aussi
quelques mots sur Malte où nous nous sommes arrêtés après
soixante-cinq heures de traversée? Hélas! je n'ai rien vu de
Malte presque, si ce n'est le port de la Quarantaine, où nous
avons mouillé pendant la nuit. Je n'ai pu visiter de cette
ville que le marché, très bien approvisionné, où je suis allé
en toute hâte chercher quelques fruits pour distraire nos es-
tomacs parisiens des échauffemens de la cuisine anglaise
pendant le reste de la traversée. Sans avoir le temps de visiter la belle église Saint-Jean, où l'ordre de Malte ensevelis-
sait ses grands maîtres et prodiguait ses richesses en fondations de chapelles, je n'ai fait qu'apercevoir une assez jolie
place près de celle du Gouvernement, où l'on creuse en ce

moment de profondes tranchées dans le roc pour y planter, dans de la terre rapportée, de grands arbres tout venus, comme à Paris. Seulement ce sont des orangers. Je regrette donc de ne pouvoir autrement vous parler de Malte, de ses célèbres fortifications, de ses cinq portes, de l'escadre anglaise de la Méditerranée qui y stationne habituellement comme une araignée au centre de sa toile et prête à se porter partout où son appétit l'appelle, de ses rues montueuses si propres, où les *miradores* abondent comme dans les villes andalouses les plus andalouses. J'ai passé une heure à Malte, pas davantage, et n'ai pas même eu le temps d'aller voir la porte qui fut ouverte au général Bonaparte faisant débarquer un détachement de son armée d'Egypte, attiré par quelques chevaliers félons, quand à tout hasard il se décida à tenter son entreprise contre la ville imprenable, sur le dire de ces partisans de la révolution française résolus ainsi à sacrifier leur patrie d'adoption à leur patrie de naissance. Aussi bien, j'avais là comme un souvenir historique de famille à vérifier, si j'en avais eu le temps. Je me rappelai à Malte mes impressions d'enfance, alors que le général ***, ancien chevalier de Malte de la langue de France, s'entendait reprocher, impassible devant un enfant, par ma mère, royaliste de la vieille roche, ce qu'elle appelait sa trahison concertée avec le vainqueur de Rivoli et d'Arcole, qu'il accompagna de Malte à Aboukir, et qui l'envoya plus tard mourir en Allemagne pendant un autre siége sur lequel notre histoire contemporaine française n'a guère dit non plus la vérité.

Donc, je suis parti de Malte comme j'y étais entré, avec quelques fruits de plus dans ma cabine, où j'avais encore pour trois ou quatre jours de domicile obligé, moi huitième avec sept Anglais, avec trois jours de moins de traversée à faire avec tous nos gentlemen et mistresses et l'inconsolable Lucie G...

J'allais oublier de vous dire combien j'avais été heureux d'entendre parler italien à Malte. Ce n'est certainement pas la langue du Tasse et de l'Arioste, mais enfin c'est une langue à voyelles larges et sonores qui est parlée par les gens du peuple à l'étranger qui la sait ; ce qui prouve que l'occupation britannique n'a pas encore trop dénationalisé la conquête. J'ajouterai même qu'à quelques mots, et surtout à certains regards échangés entre deux Maltais venus à notre bord pour offrir des paniers de fruits choisis aux passagers, j'ai cru comprendre que la générosité britannique n'est pas très proverbiale à Malte parmi les conquis.

En quelques heures, nous eûmes complété notre provision de charbon ; à huit heures, nous partions du mouillage. Le vent était favorable, la vapeur était aidée par la mer, qui ne se montra pas un seul instant contraire. Sans rencontrer presque de navires, excepté le *Vectis*, autre paquebot de la Compagnie Péninsulaire, filant vent debout entre les lames.

Nous naviguâmes ainsi trois jours et trois nuits , et , le soir du 2 novembre, nous étions en vue des côtes d'Egypte. Avant notre dernier dîner, les passagers, presque tous en destination pour l'Inde , firent leurs préparatifs de débarquement. Les habillemens d'été furent tirés des portemanteaux et valises, pour remplacer les vêtemens d'hiver à peine tolérables depuis quelques heures , et les gros bagages, les colis , les caisses d'argent , exhumées de la cale où elles avaient été soigneusement déposées et étiquetées à Marseille au moment de l'embarquement, furent rangés sur le pont, tout préparés pour le transbordement ; nous arrivions ainsi à Alexandrie à cinq heures et demie du soir. Le capitaine avait mis toutes voiles dehors depuis midi , le mécanicien avait fait chauffer sa chaudière à toute vapeur, pour passer encore de jour entre les deux balises indiquant les rochers à fleur d'eau qui précèdent l'entrée de ce qu'on appelle le port vioux et qui , par le fait, est le seul port d'aujourd'hui.

Nous sommes en Egypte ! Quels cris , quels hurlemens que ceux de ces matelots, de ces portefaix de toutes nations, de toutes races, envahissant notre bord pour s'emparer de nos bagages et de nos personnes. D'abord , ce sont ceux de l'entreprise du transit, qui, comme dans un pillage organisé, enlèvent en quelques minutes les malles et colis en destination pour la mer Rouge. Mais le crépuscule est court en Orient, il se fait presque nuit. Malheur aux voyageurs qui doivent rester à Alexandrie, s'ils ont laissé leur bagage se confondre à sortie de la cale avec cette quantité de valises , de caisses et de boxes, portemanteaux de toutes sortes et de toutes couleurs réglementairement amoncelés sur le pont ! Si vous n'y prenez garde, en pareille circonstance, malgré l'étiquette indiquant la destination de votre bagage pour Alexandrie, vous pourriez bien avoir à aller le réclamer au Caire ou à Suez. Car il faut savoir que l'entreprise du transit des voyageurs et des marchandises , c'est-à-dire du transport du paquebot méditerranéen au paquebot des Indes, est aux mains du gouvernement égyptien. Le zèle de ses portefaix , fellahs ou autres, est si grand que tout leur paraît bon à enlever quand on arrive, et ils aiment mieux risquer de prendre pour compte de leur maître dix colis de trop, plutôt que de le laisser exposé à se voir réclamer par quelque consul hautain et exigeant le moindre box anglais que l'on ne retrouverait pas à Suez.

Cette opération du débarquement accomplie, comme le chemin de fer ne devait emporter les voyageurs au Caire et à Suez que le lendemain matin, tous mes compagnons de voyage descendirent dans des bateaux pour aller passer la nuit à l'hôtel d'Orient, sur la grande place, où des fiacres les conduisirent assez rapidement, au milieu des cris de la population accumulée dans les rues que l'on traverse.

J'avais le bonheur d'être attendu à Alexandrie; des visages

amis s'étaient présentés à moi tout d'abord : une embarcation particulière , un janissaire de consulat , des porteurs parlant italien étaient à ma disposition ; je fus donc assez heureux pour n'avoir aucun des soucis du débarquement. Notre Parisienne n'était pas si heureuse. Dans ce tohu-bohu oriental , effrayée du bruit, des figures, des cris, des costumes très peu parisiens, qui l'assaillaient en ce moment critique, elle me dit tout bas , quand je lui tendis la main pour prendre congé d'elle : « Que j'ai peur !!! Si cela doit continuer ainsi , j'aimerais mieux retourner ! » Il était trop tard ! Pourquoi s'est-elle mariée pour aller aux Indes? Je lui souhaitai bon voyage, et j'espère et désire pour elle que son arrivée à Calcutta soit moins tumultueuse.

A Alexandrie, comme dans tout le monde civilisé, il y a une douane pour visiter les bagages des arrivans; je dois dire que la douane d'Alexandrie ne se montra pas bien exigeante pour la visite des miens. Grâce à notre janissaire ou à tout autre topique, je ne fus pas visité du tout, et je n'eus qu'à traverser le bureau de police pour laisser mon passe-port aux mains d'un employé qui me prévint très poliment et en très bon français que je le retrouverais chez mon consul.

———

Le Caire, novembre 185. .

Parce que j'ai débarqué à Alexandrie , vous pensiez peut-être que j'allais me croire obligé a vous donner d'abord mes impressions sur cette ville fameuse ; puisque, voyageur méthodique et consciencieux, après avoir rabâché comme tant d'autres sur l'Heptastade, sur l'aiguille de Cléopâtre , sur la colonne Diodétienne ou Pompéienne (lisez les savans) , sur le port vieux. sur le port neuf, je vous conduirais par étapes au pied des pyramides où quarante siécles nous attendent ? Non, monsieur. J'ai passé six jours à Alexandrie sans vous écrire, parce que mon affaire occupait tout mes momens, et je suis arrivé ici au Caire hier; au Caire, où j'ai encore plus à faire qu'à Alexandrie; et seulement entre deux visites obligées, je vais être votre correspondant.

Une musique arabe joue sous mes fenêtres des airs de polkas intercalés de mélodies turques. L'orchestre est placé dans l'*Esbekieh*, c'est la promenade du Caire; au son de cette musique, mi-européenne, mi-africaine, je vois se lever une lune radieuse, qui me laisse encore apercevoir quelques minarets coupant la silhouette des arbres les plus rapprochés de l'hôtel d'Orient où je suis. Belle promenade que l'*Esbékieh*, je vous assure ! Elle n'a pas la régularité ornée des Champs-Élysées, ni le fini du bois de Boulogne ; mais elle est ombragée, bien plantée d'arbres, qui en vingt ans ont fait plus de progrès que les nôtres n'en font en soixante ans. Elle est arrosée par les eaux qu'une *sakieh*, moulin à chapelet, déverse dans de simples ruisseaux creusés dans le vieux limon du Nil. Les cafés y sont des échoppes en planches et en treillages de roseaux. L'éclairage se compose de quelques lampes à l'huile, que je n'ose appeler des reverbères. Nous sommes en novembre, et cependant l'ombre épaisse de l'acacia du Nil, ou du figuier sycomore me font croire que nous sommes en plein été ; en même temps que les arbres à fleurs jaunes appelés en Provence fleurs de cassie, l'acacia farnesia je crois, m'énivrent de leur doux parfum. Les âniers et leurs innombrables montures n'encombrent plus l'allée de ceinture, les chameaux montés ou conduits par des Arabes, les voitures européennes ; les chevaux caracolant sous leurs cavaliers, ne se croisent plus avec les allans et les venans ; les vendeuses de cannes à sucre, cette nourriture et ce rafraîchissement populaire, ont enlevé leur marchandise étalée aux pieds des arbres pendant le jour. On prend paisiblement le frais sur des chaises ou sur des bancs rangés devant les cafés, les parties de dames et d'échecs sont suspendues, l'*Esbékieh* est au repos, à la fraîcheur et aux oisifs. Notez bien que je dis aux oisifs et non pas aux oisives, car, à part quelques européennes aux chapeaux *baigneuses*, les femmes ne viennent point ici. Les langueurs et les ennuis du harem retiennent celles du pays, pour qui le grand air ne semble pas fait, cachées qu'elles sont, quand elles sortent, sous ces abominables voiles qui les abritent contre les regards des hommes ; voiles, capuchons, espèce de dominos noirs ou blancs, dont tout le monde avant moi a pu vous donner la description ou le croquis.

Ce matin, l'*Esbékieh* m'offrait un tout autre spectacle. J'étais à l'ombre d'un acacia, en face du sycomore au pied duquel fut assassiné Kléber, et je voyais passer douze bataillons des troupes de Saïd-Pacha, le vice-roi d'Egypte, le fils du grand Méhémet-Ali qui a commencé à implanter ici la civilisation et le progrès à grand renfort de soldats et de coups de bâton.

Je ne demanderai jamais à des soldats arabes l'allure dégagée et satisfaite du troupier français, pas plus qu'aucun Mehemet-Ali du monde ne pourra, suivant moi donner à des bataillons recrutés jusques parmi les noirs les plus noirs du désert, la tenue compassée et les mouvemens pour ainsi dire automatiques des soldats du Nord. A part cela, je n'en ai pas moins vu ce défilé avec grand intérêt. Huit sapeurs à bonnets à poil et à haches, à tablier de peau rouge à belle taille, précédaient chaque bataillon de quatre compagnies, les clairons sonnaient notre air si connu de la *Casquette au père Bugeaud*, avec accompagnement de tambours; les chefs de bataillon, avec plus ou moins de nichams en or ou en diamans, ne caracolaient pas mal, en avant ou sur les flancs de leur troupe , et les soldats , marchant sur quatre rangs par le flanc , portaient très lestement leurs fusils ou leurs carabines. C'était fort bien !

Après les troupes venaient des chameaux , des ânes , des mulets, des chariots divers , les bagages enfin , mais pas en trop grand nombre, le pacha ayant la volonté ou la prétention de rendre son armée la plus mobile du monde. C'est ainsi qu'il la conduit toujours presque toute entière et partout avec lui de résidence en résidence, tantôt de ci , tantôt de là, au désert ou au Caire, mais ne restant pas souvent et pas longtemps en place. On se plaint bien un peu du voisinage de ces campemens improvisés , qui , surtout dans certains détails de propreté, n'ont pas la bonne tenue du camp de Châlons ; mais enfin cela pourrait être pire, et l'on peut bien, surtout quand on est européen et chrétien, se résigner aux inconvéniens du voisinage et des odeurs impossibles à nommer d'une armée mahométane servant au pacha aussi bien à maintenir son autorité qu'à assurer la tranquillité et le respect des personnes et des choses, dont on jouit si complètement en Egypte, de quelque pays que l'on puisse être.

Demain , après la réception d'un nouveau consul général de Russie, Son Altesse quittera sa campagne de Kars-el-Nil où elle s'est installée ce matin. Le prince et son escorte habituelle passeront le Nil sur des ponts improvisés , et ceux qui voudront le voir iront le chercher dans la plaine de Giseh, au pied des pyramides , au milieu de ses soldats et de leurs inconvéniens. Les courtisans l y suivront , les fournisseurs aussi , ces gens-là savent tout braver pour flatter ou pour gagner ; mais c'est une excursion peu agréable pour un consul européen venant faire quelque réclamation , ou tenter quelque intrigue. Ces messieurs en font tant et souvent de si mauvaises et de si véreuses , je veux dire surtout des réclamations que je ne blâme pas le pacha de chercher à les éviter, en se retirant dans ses campemens si incongrus qu'il logent.

Laissons le pacha , son armée , les consuls et une cérémonie de réception officielle pour une autre occasion; je veux vous parler un peu du Caire, que je n'ai fait que traverser , mais qu'enfin j'ai vu, comme je vois les choses, à ma façon.

Rien de lumineux, de coloré, de fantastique , d'étourdissant, d'éblouissant comme la vue de cette immense cité , si on la contemple, c'est le mot , du haut de la citadelle , avec ses minarets si nombreux, ses mosquées qui, de loin surtout, paraissent si élégantes, avec ses horizons verdoyans ou sablonneux ! Rien de sale, de laid , de repoussant comme l'intérieur de ses rues étroites et empestées, sans pavé, sans lumière, sans air , sans directions régulières , sans constructions apparentes comme on les rêve quand on vient en Orient. Des échoppes pour boutiques , de tristes intérieurs de cours ou d'habitations pour bazars ; pas de fontaines d'où l'eau coule à flots, pas de monumens publics , sinon des mosquées de temps à autres, et, s'il y en a de belles il y en a de bien laides et de bien sales ; des balcons ouvragés faisant saillie sur les rues les moins étroites, *miradores* plus étranges que gracieux, quelques portes de maisons ayant un air d'architecture ; voilà l'intérieur du Caire. Dans ce dédale, une grande confusion de figures, de costumes et de cris. Des voitures précédées d'un *saïs* coureur alerte qui , une baguette à la main, s'en va écartant à grands cris la foule pour l'empêcher de se faire écraser. beaucoup d'âniers charriant de l'eau dans des outres, des chameaux chargés d'autres poids divers, quelques femmes encapuchonnées à califourchon sur leurs montures, par ci, par là , un poste de *cavas* ou agens de police pour la tranquillité publique ; des Turcs , des Arabes , des Arméniens, des Persans, des noirs et des blancs s'agitant dans tous les sens : voilà la population. C'est fort pittoresque, je n'en disconviens pas, mais fort peu attrayant , je vous assure, et, à part le mérite de la nouveauté, à part celui plus grand encore d'être la capitale de l'Egypte , j'ose dire que l'intérieur de cette ville, dont le nom rappelle pour nous tant de souvenirs, ne mérite pas la réputation qu'on lui a faite. Je voudrais y voir habiter toute la vie ses enthousiastes les plus éloquens.

Non, l'intérêt de l'Egypte n'est pas là. Il est dans ses campagnes et dans ses ruines. Dans ses campagnes qui font sa richesse, dans ses ruines avec lesquelles on refait l'histoire du monde. Le soleil qui les éclaire est si beau qu'on n'ose se plaindre de sa chaleur ! Les eaux du Nil qui les inondent sont si fertilisantes qu'on n'ose dire qu'elles sont sales ! Les palmiers qui avoisinent les agglomérations de huttes de terre appelées des villages font si bien à l'œil , à côté de quelque minaret s'élevant au-dessus de ces cabanes , ou de quelque mauvais dôme écrasé, blanchi à la chaux, dont un architecte de village a dessiné les arabesques, que l'on trouve à faire avec cela de beaux paysages en Egypte , du moins dans ce que j'ai vu de l'Egypte ! Et cependant rien ne ressemble moins à l'idée que l'on a du paysage quand on n'a vu que les Alpes ou les Pyrénées, les bords du Rhin ou de la Saône, quand on s'attend aux points de vue, aux fabriques, aux rochers, aux accidens des eaux courantes , aux ombres portées par les forêts du Nord, à l'effet des êtres vivans au milieu du charme ou des horreurs de la nature.

N'allez pas croire, à propos de cette digression sur les êtres vivans destinés à l'embellissement du paysage, que la campagne que j'ai traversée en venant d'Alexandrie au Caire soit déserte ; bêtes et gens y abondent. Tout le long des ca-

naux et de la route de terre longeant la voie ferrée. car on
va en chemin de fer d'Alexandrie au Caire, j'ai vu des populations rurales très nombreuses, des troupeaux de buffles et
de bœufs en assez grand nombre. Des chameaux et des ânes
ne parlons pas, ils sont partout et servent à tout. Toutes les
gravures de voyages, les albums de voyageurs, peintres ou
amateurs, vous feront connaître mieux que mes descriptions
les costumes de ces populations de *fellahs* Mais ce que le
dessin ne peut reproduire, ce dont quelques pinceaux ha-
biles peuvent seuls nous donner une idée, c'est cet air de
résignation fatale, cet air de langueur ou de désintéresse-
ment des choses du monde que les physionomies reflètent
presque toutes ici. Je ne vous parlerai pas de la grâce des
femmes à porter les cruches d'eau sur leurs têtes, à les soutenir du bras dans des poses si connues des grands peintres.
Tout cela est dit et très bien redit. mais malgré tant de ré-
pétitions cela frappe toujours quand on le voit pour la première fois. Qu'ils doivent être beaux ces regards orientaux
lorsque quelque grande passion vient les animer ! J'y pensais
en étudiant les figures de marchands accroupis sur le devant
de leurs boutiques, attendant pour ainsi dire qu'on les pro-
voque à la vente bien plus qu'ils ne provoquent à l'achat ;
mais comme ils s'animaient insensiblement ! J'ai entendu les
petites Arabes demandant un *bakchich* (c'est le pourboire ou
l'aumône du pays) assouplir l'accentuation de leur voix pour
la mettre d'accord avec l'expression de leurs physionomies,
aussi bien que le gamin de Paris le plus malin , aussi bien
que le mendiant de Naples le plus comédien; et j'avais déjà
été frappé du changement caméléonien du regard arabe en
entrant dans la grande mosquée de la citadelle, pendant que
je faisais envelopper mes bottes dans une espèce de chaus-
sure ou brodequin en toile blanche, sans laquelle j'aurais
profané, paraît-il, le lieu saint, et pour l'usage de laquelle le
musulman ne craint pas de demander force bakchichs au
chien de chrétien voulant visiter le temple d'Allah. Puisque
nous sommes à la mosquée, je vais vous dire en quelques
mots, mais n'oubliez pas que je ne suis ni peintre ni architecte.

A la vue de la cour par laquelle on entre, comme dans un
parvis latéral dont la fontaine aux ablutions occupe le centre
et dont le pourtour est une galerie à colonnes entre lesquelles pendent des chaînes destinées à supporter des lampes,
on a comme un souvenir d'un élégant cloître d'Italie. Tout y
est en albâtre oriental. Avec la voûte bleue d'un ciel de midi
le premier effet produit est saisissant La porte de la mosquée proprement dite est au milieu d'un des côtés de cette
cour carrée. Vous y entrez sans voir aucun ornement atti-
rant particulièrement votre attention. Une coupole ou dôme
surbaissé et renflé dans sa forme couvre le centre du monument. Il repose sur des pilliers carrés, disposés comme pour

former quatre nefs à l'entour. Des barres de fer de la plus forte dimension relient entre eux les points d'appui, et font, il faut le dire, un assez triste effet. Une petite galerie à balustres dorés règne autour de la naissance des voûtes. Deux étages de fenêtres à l'européenne, avec espagnolettes et grandes vitres, émaillées il est vrai de quelques carreaux de couleur, laissent pénétrer beaucoup trop de jour dans cet intérieur. Au-dessous de la coupole sont suspendues des centaines de globes de cristal non dépoli, pour recevoir des bougies ou des lampes. L'effet de ces lustres, en cuivre plus ou moins doré, a quelque chose de plus chinois que musulman. Un immense tapis turc occupe la partie de la mosquée réservée aux grands ; c'est là qu'est disposé un siége en forme de chaire pour le pacha. En face de lui est la chaire, et l'escalier d'une seule rampe droite pour y monter ; au fond, faisant face à l'entrée, toujours orienté vers la Mecque, une niche ou renfoncement pour le muphti ou pour l'iman, je ne sais, pour le docteur de la loi. Une inscription arabe, sans doute un verset du Coran, est écrite au-dessus. Jusqu'à la hauteur d'un mètre ou un mètre cinquante centimètres, les soubassemens de toute la mosquée sont encore en albâtre oriental ; mais, sauf dans quelques parties, les murailles sont en stuc assez mal fait, ou même tout simplement peintes en imitation de cet albâtre. Les voûtes et caissons sont également peints et dorés, la couleur rouge domine : mais rien dans tout cela ne charme, ni n'étonne, ni ne touche comme dans les beaux monumens de l'art chrétien

Peut-être trouverez-vous que, pour une description de la grande mosquée du Caire, où je ne suis entré qu'en mettant mes pieds dans des pantoufles blanches, mon récit est bien froid et bien peu oriental. Mais qu'y faire ? Je n'ai rien trouvé de bien surprenant dans ce célèbre monument élevé par Méhémet-Ali, et qui fait cependant si bien quand on le voit de loin.

Vous devez savoir que chaque souverain musulman a fait bâtir ainsi une mosquée pour abriter son tombeau, inspiration ou tradition des Pyramides sans doute. Donc le tombeau de Méhemet-Ali est là, à droite en entrant dans la mosquée, entouré d'une grille ouvragée et dorée à l'orientale. Cette grille est faite sur les dessins de M. Linant-Bey, un Français, le directeur des ponts et chaussées en Egypte. J'ai demandé à ce dernier le nom de l'architecte qui a construit la mosquée. Il m'a nommé Anatasi, grec de naissance et de religion, qui, sans avoir laissé d'autres grands ouvrages de son art, est venu lancer dans les airs une coupole de sa façon, comme Michel-Ange était allé à Rome pour élever le Panthéon en l'air. Notez que je ne fais pas de comparaison. L'artiste grec a flanqué sa façade inférieure du côté du parvis d'entrée de deux minarets, minces flèches de pierres et élancées, qui, comme deux aiguilles, encadrent la vue de la partie supérieure du monument, qu'elles dépassent d'une grande hauteur. Il faut bien dire que ces flèches sont étonnantes de grâce et d'effet, on dit même de construction. Le drogman ou interprète qui m'accompagnait m'a dit qu'elles tremblent par les grands vents. A voir, la chose paraît possible ; mais les pierres sont tellement reliées entre elles par des barres de fer verticales et des crampons de scellement, que je doute de la chute possible de ces deux appendices si remarquables de l'édifice.

Je verrai plus tard de vraies mosquées, j'espère, soyez certain que je dirai autrement si je vois et éprouve autre chose qu' dans celle-ci.

Au sortir de la mosquée, j'ai parcouru la citadelle dont elle occupe le sommet. J'ai vu la cour du massacre des mamelucks, le parc d'artillerie, l'ancien harem converti en divan ou ministère quelconque, le château ou palais du vice-roi, où il ne vient que pour les jours de cérémonie. J'ai visité son petit jardin et un appartement où rien d'oriental ne m'a frappé. Je ne désirerais de tout cela que la salle de bain, toute d'albâtre précédée d'un assez joli réduit où est placé son lit de repos. Quant aux meubles, quant aux peintures, quant aux décorations et aux distributions intérieures, quant aux sofas, aux tapis, aux fauteuils à bras venus d'Europe, n'en parlons pas, de grâce, et regardons encore le panorama du Caire, les pyramides de Giseh plus près de nous, celles de Sakkarah plus au loin, dans une brume de sable et de chaleur ; admirons ces horizons et ce ciel d'un bleu incomparable. Ce ruban de lumière s'étendant dans la plaine, c'est le Nil ; ces grandes flaques d'eau, ce sont les restes de l'inondation ; ces plaines verdoyantes, c'est la première moisson qui pousse ; cette montagne de pierre qui semble peser sur nos épaules et empêche de voir la chaîne arabique, c'est le mont Mokatam, d'où l'on commande militairement la citadelle ; cet amas de constructions où l'on ne croit voir de si haut que des ruines, c'est le Caire ! Ne voyons donc que la grandeur et l'ensemble du tableau : en fait de détails, les ruines antiques nous consoleront plus tard des ruines modernes, dont il y a si bonne provision sous nos yeux dans ce pays.

Après avoir visité le palais du vice-roi, je suis allé, toujours dans la citadelle, visiter le puits de Joseph, autrement dit le puits de Saladin. Les savans vous expliqueront comment et pourquoi ces deux noms. C'est une sakieh encore, manœuvrée par deux bœufs, allant chercher l'eau à trois cents pieds en bas pour la porter dans son chapelet de godets désemparés au haut de la citadelle, où les aqueducs du Nil ne peuvent faire monter celle prise au Nil même près de Boulak, que j'apercevais tout-à-l'heure sur le second plan de mon panorama gigantesque.

De là, je me suis rendu, à travers des cours encombrées de gravier, de pierres, de poussière et d'immondices, dans le divan ou ministère de l'intérieur. Tous les divans occupent l'intérieur de cet établissement pandemoniaque ayant nom : la citadelle du Caire. Rude ascension quand il fait chaud . et il fait toujours chaud ici pour des solliciteurs ou pour des hommes d'affaires ! Enfin j'y étais venu en voiture , et ma course a été moins fatigante.

J'ai vu des bureaux où des Turcs ou des Arabes , assis les jambes croisées sur des tapis, écrivent ou compulsent la paperasserie ministérielle. J'ai eu mon audience sans l'attendre trop longtemps. J'ai trouvé, dans une très vaste et belle salle des pas-perdus , des interprètes très-obligeans ; j'ai trouvé à la porte des petites entrées des muets très-empressés , et j'ai causé affaire avec un ministre en prenant une petite tasse de café que Son Excellence m'a fait présenter avec toutes les formes du cérémonial oriental. Le haut personnage à qui j'avais affaire parlait français comme vous et moi. Ses façons des plus exquises , cette politesse orientale du café porté par un serviteur (il n'y a plus d'esclaves en Egypte) dont une serviette de drap d'or couvrait l'épaule , m'ont fait faire un singulier retour par le souvenir sur les audiences obtenues quelquefois à si grand'peine des pachas ministériels de l Occident. Comme contraste , rien ne peut vous donner une idée de l'intérieur d'un de ces divans ou ministères, où l'on campe , où l'on fume , où l'on dort , où l'on vend de la pastèque et du couscoussou ; où les femmes , les enfans, les pauvres , les aveugles , et il y en a beaucoud au Caire, vont, viennent, parlent ou crient comme chez eux; où enfin, en sortant , à la porte de quelque chambre ou bureau réservé, j'ai vu un soldat en faction, son fusil à côté de lui et filant son coton, comme il est permis de le faire au plus vaillans à ce qu'il paraît.

En descendant de la citadelle on peut revenir à l'Esbekieh ou quartier franc par un autre chemin que par celui que j'avais pour monter. Ma voiture rencontra un enterrement. Je la fis arrêter. Mon cocher arabe et mon *saïs* ne comprenaient pas cette modération. Ils auraient volontiers écrasé le mort et son cortège ; mais moi je me rappelais qu'un jour à Londres, près d'un rassemblement populaire dans Hyde-Park, le mob anglais avait criblé de pierre mon *cab* pendant que j'allais paisiblement à mes affaires sans déranger personne , car là les rues sont larges.

Je ne finirais pas cette lettre par la peinture d un enterrement , la conclusion serait trop triste ; à une autre fois donc pour vous en parler , puisqu'il ne me reste que le temps de vous parler de la belle promenade de Schoubra, grande allée plantée de sycomores, et quels sycomores ! aboutissant au Nil et à une maison de campagne d'un des princes de la famille, Halim-Pacha. Mais je n'ai pu y entrer ; les dames du harem de Son Altesse prenaient le frais dans le jardin. Qui sait si je serai un autre jour plus heureux ? Ordinairement, on y entre librement , dans ce jardin délicieux renommé pour ses fleurs et pour ses fruits, moyennant une permission de la police ou du consulat. J'avais bien la permission du consulat français, mais je n'avais pas prévu l'heure de sortie du troupeau féminin. Pauvres femmes de l'Orient , comme on les parque , comme on les cache , comme on les masque ! Je les crois plus à plaindre que ceux qui ne les voient pas; nos Européennes qui peuvent les visiter ne m'en ont pas dit merveille. Peut-être est-ce rivalité ou esprit de race ? Mais, non, je ne le crois pas. Bien des détails recueillis pendant ces quelques jours me dégoûteraient du harem, si j'avais la mauvaise pensée de regretter de n'être pas Turc pour en avoir un.

Le chemin de fer siffle, le courrier va partir et le bateau à vapeur doit emporter cette lettre demain. A un autre jour pour vous parler d'autres choses. Serons-nous aux pyramides ou à Suez ? Je ne sais, le prochain numéro vous le dira.

Alexandrie, novembre 185 .

Vous me croyez encore au Caire ou au pied des Pyramides, m'extasiant après tant d'autres et vous préparant un compte-rendu de mon excursion archéologique ou pittoresque ? Eh bien ! non ! Il m'a fallu revenir à Alexandrie pour mon affaire. Ce voyage se fait si facilement, grâce au chemin de fer, que cela ne me paraît plus rien , quand on pense aux fatigues de l'ancien voyage par les barques du Nil , ce qui était quelquefois si long , ou par la route de terre , en voiture ou à cheval, ce qui était toujours par trop chaud. Dans quelques mois , le seul pont qui reste à finir sur le Nil , à Kafer-Zaïat, station située à mi-chemin, sera livré à la circulation, et tout le trajet se fera alors sans interruption. Maintenant le passage du Nil se fait en bateau à vapeur. Les voyageurs descendent d'un train, sur la rive droite , pour monter dans un autre, sur la rive gauche , après un intermède de navigation. Notez que cet intermède est fort agréablement complété par le déjeûner que l'on trouve tout chaud et tout dressé au buffet de la station , déjeûner très-bien servi par des domestiques de tous les pays, et préparé par un Italien , ancien cuisinier d'ambassade, venu ici pour planter ses broches et ses fourneaux dans des hangars assez bien disposés sur les bords du Nil , en attendant un plus confortable établissement.

Donc, je suis de retour à Alexandrie. De ma fenêtre , j'aperçois la colonne de Pompée; il fait toujours un soleil

splendide ; la chaleur me retient au logis, et sur la place où
je suis logé je passe mon temps à voir les passans, arabes ou
européens , et des enfans fellahs jouant à la toupie comme
nos plus adroits gamins de Paris pourraient le faire. La toupie est-elle d'origine arabe? ou bien ce jeu est-il d'importation
européenne ? La question doit vous paraître bien oiseuse
pour occuper un Egyptologue à sept degrés ; elle me paraît ,
à moi, beaucoup moins puérile que vous ne la jugerez tout
d'abord. Si le gamin d'Egypte a reçu du gamin français, des
enfans de troupe de 1799 peut-être, l'initiation à un de ses
jeux favoris ; s'il y passe son temps, s'il y excelle, comme
je le vois, pourquoi, par les gamins devenant hommes, ne fe-
rait-on pas pénétrer en ce pays d'autres initiations plus sérieuses? Je n'ai pas vu jouer à la toupie au Caire ; ce serait
un argument en faveur de l'opinion des personnes graves
qui m'ont assuré que le jeu de la toupie est importé d'Europe.

Le jeu du sabot était connu des Grecs et des Romains ;
Hérodote en parle, m'a dit un savant, et je ne sais quel poète
latin aussi. Mais de la toupie cordée , lancée et attaquée par
d'autres toupies que les joueurss font tomber sur la première
lancée, pour l'arrêter dans ses évolutions, aucun livre sur
l'Egypte n'en dit mot, que je sache. Comme je n'ai rien lu
à ce sujet dans le grand ouvrage de la commission française,
je puis presque assurer que tous les auteurs venus après n'en
ont pas dit un mot. Qu'il est commode, ce grand onvrage de
la commission d'Egypte, trop volumineux , trop cher, trop
complet pour le commun des martyrs ! on y va chercher les
descriptions de tous les monumens célèbres ; on y prend les
observations, les mesures , les considérations historiques ou
autres , les dessins même, quelquefois plusieurs pages de
prose , et avec cela on fait un nouvel ouvrage sur l'Egypte.
Et où voudriez-vous que j'aille , moi aussi , vous chercher
des noms, des dates, des mesures, s'il me prend quelquefois
a fantaisie d'en émailler mon courrier du Nil ? Ceci dit en
manière de conversation , laissons la toupie et la commission d'Egypte ; je veux vous parler un peu d'Alexandrie.

J'ai visité le Ras el-Tin (promontoire aux Figuiers, où il
n'y en a pas un seul) Le grand palais du vice-roi et le phare
vous le font remarquer en entrant dans le port. Pour y arriver, j'ai traversé l'arsenal, construit sous Méhémet-Ali par
M. Cerisy. Tristes ruines modernes , je vous assure ! On a
peine à croire en les parcourant que de là soient sortis les
nombreux vaisseaux d'Ibrahim-Pacha pour porter ses troupes
en Morée, ou pour faire trembler Constantinople en forçant à
se rallier à eux l'escadre ottomane désertant la cause du
Sultan. Les noms des diverses parties de l'arsenal existent
encore : il y a la corderie, il y a les magasins, il y a la cale,
les chantiers ; mais derrière ces noms qu'y a-t-il ? En voyant
l'état actuel de ces établissemens si bien tenus, si actifs, il y

a vingt ans, on comprend que le vice-roi ne songe nullement à inquiéter son impuissant suzerain ; on ne comprend pas que l'on veuille encore inquiéter le fils du sultan Mahmoud des velléités d'indépendance du successeur de Méhémet-Ali.

Le palais du vice-roi, sur le Raz-el-Tin, est, dit-on, assez remarquable par la grandeur des appartemens et par la beauté des parquets ; c'était la demeure de Méhémet-Ali. Saïd-Pacha y vient rarement. Les princes musulmans tiennent fort peu, me dit-on , aux palais de leurs pères. Je n'ai rien vu qui m'ait frappé dans cet amas de constructions, où rien n'est assez oriental ni assez européen pour attirer l'attention.

Tout près, et en face du palais, est le harem, où réside toute l'année la princesse épouse du vice-roi. Sanctuaire interdit aux hommes, je l'ai regardé sans curiosité d'en voir davantage que les fenêtres grillées et les portes gardées par des eunuques. Les dames européennes qui ont l'honneur d'être admises auprès de la vice-reine font les plus grands éloges de son amabilité, de son jugement en toutes choses. On assure que le vice-roi a beaucoup de déférence pour elle, et il se plaît à en donner des témoignages dans les rapports qu'il a établis entre les princesses ses sœurs et son ancienne esclave devenue son épouse. Que ne vit-elle donc au grand air, cette pauvre souveraine cloîtrée ! Pourquoi n'est-elle pas mère du fils du souverain ? Pourquoi faut-il que, digne de l'émancipation de son sexe et du rang qu'elle occupe, elle en soit réduite à gémir derrière son cloître sur certaines erreurs conjuga'es dont elle entend parler, sur des travers qu'elle continuerait à corriger sans doute, si elle était une compagne royale et non la maîtresse du harem de Son Altesse ? On a beau dire et beau faire je ne puis croire que Mahomet ait prescrit tout cela, ou bien l'islamisme est un obstacle insurmontable à la vraie civilisation, dont la constitution de la famille est la base, dont l'esclavage ou la séquestration de la moitié de l'espèce humaine est l'antipode.

Figurez-vous qu'on me racontait, l'autre jour, les détails d'une fête donnée l'an dernier par le vice-roi dans son palais de Gabarih, tout près d'ici. Plus de deux mille personnes étaient invitées. Le souper fut somptueux. Les illuminations, les feux d'artifice ne manquèrent pas. Les musiques militaires jouèrent à pleins poumons. Il y avait de belles terrasses en marbre, des fleurs et un beau ciel étoilé ; les uniformes, les costumes orientaux étaient des plus brillans, fête orientale, s'il en fut ! Mais voyez-vous d'ici cette fête, à laquelle aucune dame européenne n'assistait, parce qu'elles étaient toutes autour de la vice-reine, avec les femmes du harem, séparées des salons, des terrasses, des jardins et des fleurs par des grillages et des rideaux, comme des religieuses à l'office ; et là, presque sans lumière de leur côté, pour que les regards des hommes ne pussent pas même les apercevoir. Aussi.

dans le salon où l'on me racontait les détails de cette fête, on se promettait bien de n'y plus retourner, le cas échéant de nouveau d'une fête orientale.

Maintenant, à ma façon de touriste ignorant, mais honnête, puisque que je n'ai pas su vous faire une dissertation sur l'ancien phare d'Alexandrie, une des merveilles du monde, qui devait être placé quelque part par là, sur ce promontoire couvrant les deux ports, je vais vous dire deux mots de la ville arabe, que j'ai traversée pour aller à Raz-el-Tin. C'est le Caire en laid. Je ne vous en dis pas davantage. Pauvre Alexandrie ! elle a bien quelques bazars syriens où l'on achète d'assez jolies étoffes : elle a son mouvement oriental, ses harems et ses mosquées ; mais d'aucune de ses parties, on ne voit les beaux horizons comme au Caire, mais elle n'a pas cette multitude de minarets et de coupoles coupant si bien les lignes étagées des habitations. Elle vit dans la poussière de ses ruines anciennes, et j'en suis sorti, comme je l'avais parcourue, sans émotion, sans curiosité, sans satisfaction aucune. Il est vrai que je pensais alors à revenir, par le bord de la mer, vers l'aiguille de Cléopâtre, que j'avais aperçue dressant sa pointe mystérieuse en face de l'entrée du port neuf, dans un bastion des fortifications modernes. Eh bien ! je dois vous l'avouer encore, cette aiguille de Cléopâtre si célèbre n'a produit aucun effet sur moi.

Figurez-vous un obélisque de Louqsor entre deux mauvais pavillons modernes à persiennes vertes et à toits plats, au pied des talus d'un rempart moderne, sans base, sans abords imposans, sans perspective pour le poétiser. Imaginez-vous un trou dans le sable d'où sort ce gigantesque monolithe, un peu moins haut que l'obélisque de Louqsor cependant, puisqu'il a quelques mètres de moins. Si vous ne saviez pas qu'il y a là tout à côté le pareil enfoncé dans le sable, si vous ne vous rappeliez pas que ces deux aiguilles debout devaient faire partie de la décoration extérieure de quelque monument fastueux élevé par la dernière des Ptolémées, et que l'on croit avoir été un temple ou peut-être des bains, si vous ne savez pas lire ces hiéroglyphes comme Champollion ou comme M. Mariette, si vous ne cherchez pas à savoir comment une des aiguilles a pu se tenir debout sur sa base, pendant que la pareille a été abattue, vous ne retournerez pas deux fois pour la visiter, bien certain de n'y éprouver aucune émotion

Tenez, puisque j'en suis à Cléopâtre et aux souvenirs de Pompée, et que je vous en parle si légèrement, laissez-moi vous dire que ce n'est pas ma faute. Je m'y suis pris à plusieurs fois. L'autre soir encore j'allai revoir l'obélisque par un beau clair de lune, je me sentais si bien disposé à l'admiration et surtout aux émotions; je venais de voir de toucher, de comprendre d'autres traces du passage d'une reine moderne sur cette terre d'Egypte, où tant de reines ancien-

nes sont momifiées. J'avais passé quelques heures avec un
jeune ingénieur français très épris de l'Egypte. Après m'a-
voir fait admirer des scarabées quelconques, il m'avait parlé
du passage de Rachel en Egypte. Il avait dans sa bibliothèque un exemplaire de Corneille dont la grande artiste lui
avait fait cadeau lorsqu'elle partit d'ici se croyant guérie, et
qu'elle revenait mourir en France Il m'avait raconté l'histoire de ces volumes comme la lui avait raconté Rachel,
qui les avait achetés un matin sur les quais de Paris dans le
temps de sa misère encore, et les avait payés, sou par sou, sur
ses économies de pauvre artiste inconnue. Il m'avait laissé
copier la lettre suivante écrite sur la première page :

« Mon cher monsieur de M...,

« Acceptez comme souvenir de votre amie ce bon vieux
« Corneille qui est grand comme le monde. Vous le soigne-
« rez, j'en suis sûre, comme vous m'avez soignée pendant
« mon séjour au Caire. Vous savez si mon cœur vous en reste
« reconnaissant.

« RACHEL.

« Vieux-Caire, ce 2 mai 1857. »

Nous avions causé d'art, d'artistes . de tragédies, des
Cléopâtres de l'histoire et des Cléopâtres de la scène, eh bien !
rien n'y a fait. Après avoir lu cette cette petite lettre si tou-
chante, j'ai revu l'aiguille de Cléopâtre, et elle ne m'a rien
dit ; je n'ai pensé qu'à la ruine de Rachel au milieu des ruines d'Egypte, et maintenant encore je passe mon temps à
vous recopier ce précieux autographe ignoré, plutôt qu'à
vous parler des dimensions, des inscriptions, de la destination supposée de la grande ruine antique sur laquelle on
peut dire tant de belles choses. Si vous aimiez Rachel, vous
m'en saurez gré ; dans tous les cas, ne vous plaignez qu'à
vous-même du temps perdu à lire les notes d'un voyageur qui
n'écrit que pour écrire, qui n'admire que ce qui lui plaît, et
qui vous a prévenu tout d'abord qu'il voyageait pour ses affaires et non pour le plaisir des autres, encore moins pour
leur instruction.

Je vous prie de croire cependant que je ne suis pas aussi
insensible que je puis vous le paraître aux ruines égyptien-
nes. En voulez-vous la preuve ? Ne faites pas comme un
monsieur français qui me disait hier, en dînant, que, depuis
trois mois qu'il est à Alexandrie, il n'a pas encore visité la
colonne de Pompée. Venez la voir avec moi cette fameuse
colonne, au soleil couchant, c'est la meilleure heure ; je la
trouve en ce moment impossible à décrire.

Un cimetière arabe semé de tombes blanches d'un côté, un
horizon de feu du côté de la mer où le crépuscule va tout à
l'heure être si vite remplacé par la nuit sombre ; un pauvre
village de fellahs dont on entend les bruits du soir, dont on
n'aperçoit que les toits plats ; ces collines sans arbres, sans

verdure, dont les contours se dessinent en silhouettes grises, et que des allées plantées dans leurs parties basses font seules distinguer les unes des autres ; ce minaret tout près des deux clochers d'une église chrétienne se détachant en blanc rosé sur un fond de palmiers rembruni par des bananiers aux larges feuilles ; ces chameaux et ces buffles épars autour des campemens de Bédouins dont les tentes se dressent çà et là aux environs ; puis ces maisons à l'européenne et leurs jardins longeant le canal de Mahmoudié, tout cela fait comme un panorama fantastique autour de la colonne qui se dresse, majestueuse et solitaire, sur un monticule composé je crois de poussière de ruines amoncelées. Ruine échappée à la ruine d'un immense monument inconnu, ou monument isolé, placé là par je ne sais quel fondateur, colonne appelée de Pompée, ou colonne dédiée par un Pompéianus consul romain quelconque, à Dioclétien empereur ; monument incompréhensible aux savans modernes, amené de la haute Egypte par la science antique, cette colonne est étourdissante.

Comme son chapiteau, fruste ou inachevé, a de belles saillies sur le ciel ! comme son galbe est beau ! comme elle a de grâce dans sa masse ! Et quand on pense qu'elle est d'un seul morceau pour la colonne proprement dite, et que ce fût admirable à soixante pieds de hauteur à lui seul, et huit de diamètre ; quand on regarde ce socle presque grossier posé sur une base en ruine quand on suppose que tous les efforts des destructeurs d'Alexandrie ont été dirigés contre elle ; quand on se rappelle que cette masse dressée vers le ciel a été attaquée par les tremblemens de terre aussi souvent peut-être que par la main des hommes ; quand on remarque sa légère inclinaison rappelant qu'elle ne peut rester éternellement debout, on est pris comme d'un sentiment de crainte et d'incertitude douloureuse tout ensemble ; on admire et on se tait.

Deux Anglais seuls ont été capables d'écrire leurs noms en grosses lettres noires sur la base de granit rose, où la couleur s'est incrustée. Les Welches ! ils m'ont fait plus de mal dans mon admiration par la vue de leur inscription profanatique que ne m'en avait fait le souvenir des dévastations des Sarrasins, des Turcs ou autres ravageurs d'Alexandrie. D'autres Anglais sont montés, un jour, au moyen d'une échelle de corde, pour boire du champagne sur la vaste plate-forme formée par le chapiteau, idée bien excentrique et humouristique, n'est-ce pas ! digne de ceux qui s'en vont par tout le monde cassant avec un marteau quelques morceaux des monumens les plus célèbres ; comme s'ils ne pouvaient en parler au retour à moins d'en avoir, comme de leurs marchandises, un petit échantillon dans leur poche.

Ce fut, je crois, dans cette occasion d'ascension aérostatique qu'un Français, M. de Lesseps, alors consul-général de France à Alexandrie, s'élança aussi, sur l'invitation en façon de défi

des gentlemen avinés , pour prendre sa part de leur *lunch*
aérien Qui sait si ce jour-là, voyant au loin la mer sillonnée
de navires et les plaines à l'entour se confondre avec la mer,
il ne conçut pas , dans un vertige sublime, la première idée
du canal maritime , nouveau Bosphore qui doit couper la
terre d'Egypte et relier par deux mers l'Occident à l'Orient ?
Mirage providentiel, dont aujourd'hui l'Europe attend avec
impatience la réalisation !

> Peuples formons une sainte alliance ,
> Et donnons-nous la main !

Pendant une de mes rêveries auprès de cette admirable colonne, des mendiantes fellahs me poursuivaient de leurs de-
mantes de *bakchichs* en m'offrant quelques parcelles de ce
beau granit rose dont elle est faite J'ai donné des bakchichs
on faisait entendre de mon mieux aux petites mendiantes
que si la colonne tombait à force de petites dévastations à sa
base, elles n'auraient plus de bakchichs, puisque chaque curieux se servirait lui-même aux dépens du colosse renversé
Leçon perdue ! la petite dévastation moderne continuera ,
puisqu'il y a des gens aimant a acheter des morceaux de ruines , comme il y en a pour écrire leurs noms sur des murailles.

Les voyageurs et les curieux se plaignent généralement de
l'aridité, de l'aspect désolé du monticule sur lequel est placé
ce monument. Les uns le voudraient sur la grande place
d'Alexandrie. Qui l'y porterait ? Qui l'y dresserait ? D'autres
le voudraient au milieu d'arbres sans doute. Qui les fera
pousser ? Quelques uns le voudraient transporté en Europe
peut-être ?... Je trouve que là où il est il est le mieux placé
qu'il puisse être. Je ne le voudrais pas même entouré d'une
grille préservatrice, ni restauré à sa base. Qu'il reste tel
qu'il est, ce monument incompris, objet d'admirations et d'é-
tudes, qu'il reste comme un phare placé entre deux mondes !
Il a bravé les atteintes des hommes, que les hommes le laissent en paix lutter seul contre le temps !

On aperçoit la colonne de Pompée en entrant dans le port;
on la voit de plusieurs endroits de la ville ou des environs,
puisque je l'apercevais de mes fenêtres ; mais , pour la bien
voir, il faut s'en approcher : c'est seulement quand on est
auprès d'elle que l'admiration succède à la curiosité.

Mais me voilà déjà au bout de mes excursions d'antiquaire
dans Alexandrie. Vous ne voudriez pas sans doute que je
vous conduise, les livres à la main , dans l'encente de la fameuse bibliothèque que l'on cherche encore , ni dans tel ou
tel temple dont rien ne détermine le véritable emplacement?
Dans un cahos de ruines il faut entrer à l'ouverture. Sous
les monceaux de décombres où poussent les palmiers, où
les maisons modernes s'élèvent chaque jour plus nombreuses; dans le quartier européen , on trouve de temps à autre

des fragmens précieux. Là, c'est une statue de porphyre dont la tête manque dont les bras sont en pièces, dont une chaise curule ou trône semble indiquer le caractère. Ici, au milieu d'une rue, c'est un sarcophage en basalte aux hiéroglyphes indéchiffrables pour le vulgaire, qui vous surprend par la fraîcheur des arêtes de ces sculptures en creux qu'on dirait faites d'hier. Quelquefois vous voyez une auge creusée dans le chapiteau d'une colonne du plus beau marbre. En face de la porte de Mahmoudié, celle qui conduit à la promenade le long du canal, vous remarquez un fût cannelé venant on ne sait d'où, ayant tenu à l'on ne sait quel monument. Près de la grande place, on découvre en ce moment des citernes ou des bains en creusant des fondations pour des maisons modernes, mais tout cela est trop fort pour moi, je dirais presque sans attrait. Je préfère ne vous en point parler, et, puisque je suis venu de la colonne de Pompée à la ville moderne, je vous en dirai mon opinion.

Malgré la poussière insuportable, malgré le soleil tombant d'aplomb sur la tête dans des rues larges ; malgré l'absence de boutiques élégamment étalagées pour égayer les rez-de-chaussées des maisons d'une ville de commerce, malgré le défaut de trottoirs réguliers et de pavage, malgré l'absence d'éclairage, de théâtre digne de ce nom, de fontaines et d'autres monumens publics, l'Alexandrie bâtie par les Européens depuis trente ou quarante ans sera une belle ville dans vingt ans. Les maisons sont hautes, les appartemens aérés; l'architecture, bien qu'un peu monotone, est satisfaisante pour des passans; et quand on pense au mouvement d'affaires qu'il y a ici, on peut dire qu'Alexandrie est une grande et importante ville. Méhémet-Ali avait voulu que ce fût aussi une forte ville, et le général français Galice a construit l'enceinte bastionnée, les tours crénelées, les casernes et les ouvrages avancés qui nous entourent Espérons bien que tout cela ne servira jamais de rien.

Il y a à Alexandrie une police très-bien faite, comme au Caire. Le gaz étant ici à l'état de désir impossible à satisfaire, bien que l'on se dispose à établir des conduites d'eau dans toute la ville, l'éclairage public est remplacé par la lanterne ou falot que tout promeneur de nuit est obligé de porter ou de faire porter quand il circule dans Alexandrie quelques heures après le coucher du soleil. Des *cavas* ou gardiens de police sont chargés de surveiller l'exécution de ce règlement. On les rencontre avec plaisir aux encoignures des rues où ils sont généralement placés. La justice arabe juge et punit les Arabes à la façon arabe, pendant le jour, pour les infractions commises aux lois ou aux règlemens de police pendant la nuit ; la justice consulaire a le privilège de maintenir l'ordre et d'appliquer sa loi nationale parmi les étrangers, relevant tous du consulat de leur pays respectif.

A propos des étrangers et des consuls, permettez-moi de

vous faire part d'une mienne opinion, un peu hasardée peut-
être aux yeux de 'a diplomatie, mais c'est égal.

On m'a beaucoup parlé des immenses attributions de MM.
les consuls généraux en Orient, grâce à ce qu'on appelle les
capitulations. Eh bien! il me semble qu'il y aurait là aussi
quelque chose à réformer, voire même beaucoup. Sans doute
il était important autrefois que le consul ou représentant de
toute puissance chrétieune de l'Europe eût à Alex ndrie,
comme partout ailleurs en Orient, le droit et le pouvoir de ré-
gler, de sauvegarder les intérêts de ses natiouaux , peut-être
même de protéger leur existence. Alors la vie et les intérêts
des étrangers étaient sans cesse menacés , et sans protection efficace de la part du gouvernement local. Mais aujour-
d'hui que l'avanie ne fait plus partie du droit cou umier
oriental ; aujourd'hui qu'en Egypte, par exemple , la police
du vice-roi se fait aussi bien que quelque police que ce soit
dans la plupart des pays d'Europe, n'abuse-t-on pas quelquefois des immunités consulaires et surtout de leurs influences
aussi menaçantes que protectrices ? Je me suis laissé dire
qu'en mainte occasion , l'avanie a été commise par des Européens, et j'en ai été tristement préoccupé dans l'intérêt de
la civilisation même , à cause des bons exemples que nous
devons donner aux populations que nous prétendons régé-
nérer; bons exemples que nous ne donnons pas toujours. Au
reste, ce qui doit un peu vous consoler, c'est que la princi-
pale victime de ces avanies que l'on raconte , est S. A. le
vice-roi. Mais comme, en définitive, le fellah paye toujours les
dépenses de son souverain, il y a lieu de s'attrister de ce qui
se passe trop souvent en ce pays. Je vais vons conter la
chose , y remédiera qui voudra, ou qui pourra

Une des principales et bien certainement une des m illeu-
res opérations des négocians établis à Alexandrie, c'est l'exécution des commandes faites par S. A. à l'industrie européenne, pour son armée, pour sa marine. pour ses fantaisies
même, ou pour ses besoins. Rien de plus juste que de gagner
une large et honorable commission si l'on traite pour quelqu'un ; rien de plus naturel que de chercher à faire un gros
bénéfice si l'on fournit directement les objets demandés. surtout quand l'acquéreur est un pacha ne connaissant pas bien
le prix des choses et disposant d'un immense revenu; c'est le
commerce, il n'y a rien à dire. Mais lorsqu'à la première dif-
ficulté soulevée par l'acheteur sur le prix exorbitant des choses. on invoque sa nationalité pour prouver que l'on n'a pas
augmenté outre mesure les profits ou les bénéfices de la commission ou de la revente ; mais lorsque , grâce à l'interven-
tion du nom de quelque grande puissance dont le nom seul
peut inspirer des craintes sérieuses à un souverain sans ga-
rantie contre l'application de la loi du plus fort, on parvient
à prouver par exemple que le vice-roi , parce qu'il est vice-
roi , doit payer dix fois la valeur des choses , il me semble

qu'on outrepasse un peu l'esprit, sinon la lettre, des capitulations. Le marché léonin est réprimé en Europe. Pourquoi serait-il toléré en Egypte ? Notez que je ne précise rien ; mais
enfin... on parle encore ici de certaines réclamations relati-
ves à des glaces fournies à Son Altesse. Si ce qu'on m'en a
dit est vrai, Venise, Aix-la-Chapelle et Saint-Gobain doivent
être bien étonnés de laisser tant à gagner sur la revente de
leurs produits, même les plus beaux. Deux millions cent mille
francs pour douze glaces !!!... c'est beaucoup ! Il est vrai qu'il
y avait en plus des cadres ou bordures... L'avanie des Turcs
contre les chrétiens consistait, je crois, en extorsion d'argent par menaces ou voies de fait ; ce que j'appelle l'avanie
des Européens consiste donc à mettre toute réclamation européenne sous la sauvegarde étrangère et à tout faire payer
parce que cela a été commandé. Je voudrais bien voir un peu
réformer cet abus de la position. Le vice-roi le voudrait bien
aussi, lui qui fait tant de commandes S. A. pourrait bien
d'ailleurs se lasser un beau jour de faire ces commandes à
des étrangers. Cette solution déplairait fort, je crois, même à
ceux qui parlent le plus de la prodigalité et des caprices d'un
souverain dont ils profitent tant qu'ils peuvent, et quand ils
peuvent.

Quoi qu'il en soit, l'honorabilité européenne en souffre
dans son ensemble. Grâce à ce fâcheux prétexte, les plus
odieuses calomnies peuvent circuler dans le public ; car si
une nationalité européenne triomphe aujourd'hui, c'est une
cause de dépit et d'envie pour telle autre qui regrette de n'a-
voir pu se faire une si bonne affaire. Puis il y a comme un
chœur de médisances inférieures toujours prêtes à raconter
tout ce qu'elles ne savent pas, à tout grossir, à tout enveni-
mer, parce qu'elles savent bien que leur consul ne serait pas
en position d'intimider Son Altesse en leur faveur en pareille
circonstance.

Croirez-vous qu'il y a en ce moment pendante une réclamation contre le vice-roi montant à soixante et quelques millions, parce qu'il y a des années, on aurait promis à un Européen une affaire dans laquelle celui-ci aurait pu faire ce léger
bénéfice... s'il l'avait faite ? Heureusement la somme est hors
des limites de la solvabilité égyptienne ordinaire, et tout bon
payeur que soit Mohamed-Saïd, la réclamation a été portée
devant le gouvernement dont est justiciable le réclamant.
Que Son Altesse se rassure et soit confiante en sa cause : *il y
a des juges à Berlin...* ou bien qu'elle transige, car ici tout
finit par des transactions.

Mais laissons ce triste côté des choses, et revenons au ma-
tériel de la ville dont me voilà de nouveau habitant.

J'ai vu ici, à côté des costumes arabes de forts jolies toilet-
tes de dames. La crinoline et la cage n'y manquent pas plus
qu'en Occident. On rencontre tous les soirs, à la promenade,
de fort jolis équipages, que font paraître encore plus pimpants

les mauvais attelages du pays , et les files de chameaux traversant les rues en tout sens. Je ne vous donne pas une description du chameau , lisez Buffon. En fait d'autres moyens
de locomotion , les ânes sont une monture très commode, peu
coûteuse et par cela même très usitée. Les Européens y font
la belle figure que vous savez , tandis que je ne puis me lasser de regarder avec quel aplomb imperturbable un vieux
fellah se tient à califourchon sur le derrière de son baudet, et
quelle tenue de cavaliers prédestinés ont les enfans passant
tous les matins sous mes fenêtres avec leurs montures au
galop. Ils vont alors se mettre à la disposition du public sur
la grande place Européenne à la porte des hôtels, avec les fiacres , ou dans les carrefours les plus fréquentés des quartiers
arabes, entre les deux ports.

Alexandrie compte aujourd'hui près de 40,000 Européens
ou étrangers relevant des consulats. Il y a des églises ou des
temples pour tous les cultes et pour toutes les religions.
Après les établissemens français ou protégés de la France, le
petit temple anglican construit sur un des côtés de la grande
place mérite le plus d'être remarqué. Les Anglais l'ont entouré d'une grille et d'un square dont les arbres, en grandissant, produiront le meilleur effet. C'est vraiment dommage
que pareilles plantations n'aient pas été faites autour de la
place. C'est un grand carré long, où sont situés les principaux
hôtels, et les cafés, rendez-vous nécessaire et centre de toutes
les opérations commerciales et des bavardages de la cité. Les
fiacres , le soleil et la poussière en rendent la traversée très
fatigante en plein midi. On a bâti dernièrement une Bourse
tout près de là, presque sur le bord de la mer, et il y fait
plus frais. C'est donc encore un progrès que doivent surtout
apprécier les trafiquans.

Pardonnez si, au courant de ma plume, je me suis servi de
cette expression, peu convenable peut-être pour désigner les
négocians et marchands en général; c'est que l'on m'a assuré
qu'à Alexandrie on trafique, dans la mauvaise acception du
mot, volontiers et sur toutes choses. On vend des blés que
l'on n'a pas; on achète des cotons que l'on serait fort embarrassé de payer, si la hausse des prix ne les faisait passer en
d'autres mains; on trafique sur les terrains, on trafique sur
l'or et l'argent , grâce à la confusion abominable des monnaies... Pour les trafiquans, une bourse est un monument de
fondation.

On m'assure que le résultat de tous ces trafics a été le renchérissement de toutes choses et même de la consommation
alimentaire, dont les fellahs ont bien su profiter, car le fellah,
comme tous les paysans non arabes , aime à gagner et dépenser peu. Or, depuis le règne de Mahomed-Saï, le fellah
travaille pour lui, et non plus pour le monopole de son souverain; il peut donc s'enrichir. Quoi qu'il en soit, la vie est
devenue très chère à Alexandrie.

Les loyers des appartemens sont chers; malgré le bas prix du blé en ce moment, le pain est cher, et les domestiques sont loin d'être à bon marché Puis il en faut beaucoup. Le *boab* ou portier, dont les locataires d'une maison supportent en commun les frais; le *saïs* ou batteur d'estrade, et surtout le cocher, pour être Nubiens, Abyssiniens ou autre Barberins n'en sont pas moins rétribués avec des gages tout européens. On parlait autrefois des bas prix de la main d'œuvre à Alexandrie. Je la crois très chère, à voir avancer la besogne des maçons travaillant en face de chez moi.

Vous m'accuseriez de tendances par trop gastronomiques si je vous parlais de mes impressions culinaires pour finir ma revue de ce jour; mais peut-être, au fait, mon jugement ne serait-il pas très désintéressé ; on donne de si bons diners à Alexandrie ! C'est assez vous dire que l'hospitalité y est gracieusement exercée.

A ma prochaine lettre, quelques excursions, si j'ai le temps d'en faire et de vous les raconter. Quand on est si près d'A-boukir, on est bien tenté de l'aller visiter.

Alexandrie, décembre 1858.

Aboukir ! Aboukir ! Je finissais ma dernière lettre en vous parlant de mon désir de faire un pèlerinage à Aboukir; je commence celle-ci en vous disant : « J'y suis allé ! »

La course est fatigante, même en hiver, je vous assure , et je ne la recommanderai pas aux touristes. amateurs d'émo-tions faciles ou de curiosités de convention, car il n'y a rien à voir, à vrai dire , à Aboukir : aussi y va-t-on rarement. Mais cette rade déserte qui fut quelques jours si animée , mais ces dunes de sable où j'enfonçais jusqu'à mi-jambes en escaladant sans gloire le fort du Télégraphe . ne valent-elles pas pour nous Français, par des souvenirs tout palpitans en-core, bien des pyramides, bien des temples , bien des sphinx et bien des colosses brisés.

On assure dans le pays que lorsque la mer est calme on peut encore apercevoir au fond de l'eau quelques épaves échappées à la ruine du glorieux *Orient*, abîmé dans les eaux après son explosion. Je n'ai rien vu que la mer bleue où une barque de pêcheurs, avec sa voile latine fouettée par le vent, animait seule le tableau. Un arabe , enveloppé de sa couver-ture blanche, était seul aussi dans le vieux fort et nous lui paraissions sans doute bien étranges dans nos évolutions au-tour de son fossé à demi-comblé par le sable , regardant au-tour de nous, attentifs et curieux , comme s'il y avait eu là un de ces monumens où les Arabes sont si habitués à voir s'extasier les voyageurs européens. Si je dis nous , c'est que j'avais oublié de vous dire qu'ayant loué une calèche pour cette course , que l'on fait ordinairement à cheval ou à âne quand on la fait , j'étais en compagnie de deux jeunes Français qui avaient bien voulu se joindre à moi. Précieuse acquisition pour un flâneur dépaysé : l'un parle assez bien l'arabe, l'autre dessine en artiste, qu'il pourrait être.

De Ramlé, premier village à une heure d'Alexandrie, on ne roule plus que sur les bords desséchés du lac Edko, ou dans le sable que le vent chasse des dunes, et qui remplit les moindres ondulations du terrain. Plus d'une fois nous fûmes obligés de mettre pied à terre et de soulever notre équipage par trop européen s'enfonçant jusqu'au moyeu des roues. Notre cocher y faisait de son mieux, fouettant et apostrophant ses chevaux, et nous y donnions gaiement la main. pensant aux artilleurs, nos prédécesseurs ensablés. chargés de conduirede plus lourds attelages à la victoire. Près du fort cependant il fallut y renoncer. Mais nous touchions au terme de la course. Aboukir était devant nous.

La vue de Rosette apparaissait au loin comme une découpure blanche dans des réverbérations ou des mirages étranges, les contours de la rade immense se confondant presque avec la terre basse, et à perte de vue dans l'horizon; à droite la trace de l'ancienne embouchure du Nil appelée je crois branche Canopique. çà et là quelques monticules de sable où des palmiers ont pris racine dans les ruines de l'ancienne Canope ; sous nos pieds quelques cabanes de fellahs et les nouvelles batteries construites en vue de l'îlot de Nelson , à gauche la grande mer, voilà tout le tableau : on peut le peindre plus complètement peut-être , je ne saurais comment le décrire autrement J'y renonce et ne puis que vous dire que, malgré tout, notre curiosité sentimentale a été complétement satisfaite.

Dans la poussière de Canope, nous avons trouvé quelques coquillages et des débris de poterie et de verroterie antique. Nous avons mangé des dattes qu'un Bédouin nous a servies sur une tige intérieure du palmier en façon de nappe , et après une station d'une heure, pendant laquelle notre malheureux cocher était parvenu à faire reprendre haleine et courage à ses chevaux , nous sommes revenus, devisant de Nelson et de Bonaparte, regrettant de n'avoir pas trouvé, au lieu des bribes canopiques que nous avions recueillies , le moindre bouton de guêtre de la 69e ou de toute autre demi-brigade de ces héroïques soldats envoyés par la France en Egypte. Ce n'était pas la peine de venir si loin pour si peu ! dira un antiquaire. Que voulez-vous ? les impressions, les émotions de voyage ne dépendent pas du voyageur. Tout le long du chemin , si chemin il y a là où une voiture roule presque à l'aventure, nous avions vu d'assez nombreux campemens de Bédouins blottis entre les palmiers des dunes ; nous étions doncs seuls dans la plaine avec quelques chameaux errans dans cette campagne jadis florissante, ravagée aujourd'hui de temps à autres par l'envahissement des eaux de la mer, résultat fatal de la coupure inutile faite par les Anglais en 1800 dans les dunes de la rade A Ramlé nous nous arrêtâmes pour laisser encore souffler nos chevaux, littéralement éreintés par cette course à travers la steppe et les sables. Dans un bouchon ayant pour enseigne *Au rendez-vous des Chasseurs*, écrit en bon français, un hôtelier allemand *mein herr* Feuchte, nous servit une excellente bouteille de vin du Rhin, et pendant que nous admirions un lever de la lune, brillant à travers les cimes dentelées des palmiers, nous écoutions pensifs quelques cantilènes arabes chantées par les fallahs se réunissant au soir dans leurs cabanes de terre éparses parmi les palmiers. Mais Ramlé, savez-vous, n'est pas seulement un groupe d'habitations de fellahs. Les riches habitans d'Alexandrie y ont fait construire des maisons de campagne au bon air, tout près de l'ancien camp de César, à proximté du canal Mahmoudié, et en vue de la mer. Grâce aux sakiés, leurs jardins y ont de la verdure et des fleurs ; grâce au beau ciel et au soleil ébouissant, les maisons y paraissent être de l'architecture. Ramlé est le Saint-Germain, le Saint-Cloud, le bois de Boulogne d'Alexandrie. On y va à la campagne, en partie de chasse, en partie de jeu ou toute autre, et j'y suis allé en partie de promenade par la porte et le boulevard de Rosette, et en voiture, comme à Paris. Seulement j'ai payé fort cher.

Puisque j'en suis à faire des excursions autour d'Alexandrie, parlons-donc de ma promenade de Mex, bien plus courte, plus facile et moins coûteuse que celle d'Aboukir et de Ramlé. Mex, c'est la rade d'Alexandrie, c'est le rivage rocheux près duquel débarqua l'expédition française et 1799. C'est aussi le point de la côte d'où un beau matin un vainqueur d'Aboukir s'élança incognito sur la frégate la *Muiron*, échappant à la poursuite d'un autre vainqueur d'Aboukir, et le ramenant sain et sauf en France, tandis qu'il laissait derrière lui ses compagnons d'armes abandonnés aux hasards malheureux de sa conquête égyptienne. Mex sera peut-être remarquable un jour par le kiosque ou résidence que le vice-roi y fait construire sur un des points les plus en vue de la côte. Il y sera en bon air et dans une demeure assez fantast que toute de sa façon. Un ingénieur français attaché à la maison de S. A. a eu la bonté de m'y conduire et de m'expliquer l'ordonnance très-géométrique de cette construction, qui témoignera du goût bien décidé du propriétaire pour le bon air, pour la belle vue et pour les figures d'Euclide. Ce ne sont que triangles, losanges, ellipses ou carrés, à côté les uns des autres.

De Mex on domine les passes de la rade nouvellement balisées par ordre du vice-roi ; on voit le port d'Axandrie, on est à proximité des nombreuses batteries , forts et réduits construits par Galice-Bey pour la défense de tout l'emplacement qui constitue les approches de la place depuis la pointe du Marabout. On arrive à Mex en traversant plusieurs agglomérations de maisons arabes , en rencontrant de nombreux chameaux, des fellahs et des Bédouins campés çà et là à l'avanture; c'est assez vous dire que le *saïs* ou batteur d'estrade est de rigueur à cette promenade si l'on veut aller vite sans écraser bêtes ou gens.

Vous parlerai-je de certaines grottes battues par la mer, décorées du nom de bains de Cléopâtre? Elles n'en valent pas la peine , en vérité. J'y suis allé parce que c'était sur mon chemin, mais j'aime mieux supposer que Cléopâtre se baignait près de ses fameuses aiguilles , dans le vieux port , là où il me semblait voir au fond de l'eau de beaux marbres blancs ayant pu servir de fond de bain à des pieds royaux si délicats.

En revenant de Mex ou en y allant, on peut entrer au Gabarih, autre résidence de S. A., qui y a fait arriver, sous la terrasse de son palais un embranchement du chemin de fer. Là , les arbres et les fleurs abondaient dans un vaste enclos, et devaient rendre assez pittoresques les mouvemens du terrain plus accidenté. Il ne reste de fleurs, de bosquets d'orangers et d'autres arbustes,toujours en tenue de printemps,que sur la terrasse tournée du côté du lac Mareotis ou Mariout dont le Gabarih occupe la lisière. Partout ailleurs dans le parc [il ne reste que des palmiers épars , et les allées verdoyantes de l'acacia nilotica. Les bivouacs des soldats ont tout envahi. Un vaste système d'arrosage rend toute cette terre à la culture, quelquefois entre deux campemens , si, pendant quelques semaines seulement,Gabarih n'est pas militairement occupé. On y récolte alors beaucoup, pour peu qu'on y ait planté ou semé Quelle terre que cette terre d'Egypte !

Je dois vous avouer que deux visites au Gabarih m'ont fait beaucoup réfléchir sur l'Egypte et son gouvernement. Ecoutez ceci. Sur une vaste esplanade [par où l'on arrive au palais, j'ai vu faire un essai de pavage en fer destiné à faire disparaître la poussière aveuglante que le moindre vent soulève partout , que le piétinement des troupes du vice-roi contribue à augmenter quand il y est. Le perfectionnement métallique conseillé à S. A. par des amis exagérés du progrès me semble devoir coûter fort cher et inutilement,quoique d'invention et d'origine anglaise : cela fait l'effet d'un gril en fonte entre deux terres. Un bon système d'arrosage n'eût-il pas mieux valu? Je crois qu'on le préfèrera plus tard à ce nouveau pavage à la saint Laurent, dont les rayons du soleil de juillet feront sans doute sentir les inconvéniens aux chaussures des promeneurs, et plus encore aux pieds déchaussés des fellahs. Dans son penchant si prononcé pour

toutes les inventions nouvelles. le vice-roi n'y avait peut-être
pas pensé; mais la commande a été faite aux conseilleurs,
elle sera payée à beaux deniers comptans. Advienne que
pourra !

S. A. le vice-roi avait eu l'idée de faire construire à
Alexandrie un musée où seraient venues se placer les anti-
quités précieuses dont M. Mariette fait en ce moment, pour
son compte et par ses ordres, la recherche consciencieuse
dans les grandes ruines de la haute Egypte. Peut-être n'ai-je
dû qu'à cette idée de futur musée l'avantage de voir, dans
une salle du palais tranformée comme tant d'autres en ma-
gasin poussiéreux, une statue de la plus grande beautés
Cette belle reine, exhumée des ruines de Louqsor par lee
soins de M. Mariette, avait été apportée ici; elle vient d'être
réexpédiée au Caire. Fasse une heureuse inspiration que la
vice-roi, si libéral des trésors de tous les genres dont il est
propriétaire, en fasse cadeau à la France ! Je doute que notre musée égyptien ait une sculpture aussi fine, aussi déli-
cate, aussi bien conservée. A quelle dynastie appartient cette
reine? Ne me le demandez pas. M. Mariette vous le dira plus
tard; il vous expliquera les hiéroglyphes en miniature sculp-
tés sur ses bracelets, il vous dira le beau grain et la conserva-
tion, j'ose dire miraculeuse, de l'albâtre, il vous révèlera
l'âge même de la princesse, que par un hasard singulier j'ai
concouru à emballer hier pour la lui faire arriver en bon état.
Que voulez-vous? oui, j'ai fait ici l'emballeur, comme tout
le monde y fait un peu tous les métiers. Mon amour de l'art
m'a entraîné à prêter aide et assistance à un menuisier qui
avait oublié d'apporter des clous, à une bande de commis-
sionnaires, portefaix improvisés, qui n'avaient ni cordes, ni
rouleaux, ni leviers pour faire une besogne à laquelle ils ne
s'attendaient pas; à un magasinier qui aurait fait coucher la
reine d'albâtre dans la rue, exposée aux outrages des fellahs;
à mon architecte ingénieur des palais royaux qui serait mort
de chagrin si la moindre égratignure avait fait, lui présent,
le moindre bobo à cette fleur de beauté égyptienne. J'en au-
rai une photographie comme récompense de mon zèle ignorant, et vous en aurez l'étrenne, j'espère, M. Mariette le
permettant.

Il y a bien à faire ici une autre promenade, à l'extrémité
du lac Mariout. On va y voir le commencement du désert,
où va assez souvent camper le Pacha avec quelques bataillons, dans des maisons de bois apportées de France, *procul
negotiis.....* On ne peut y voir rien autre chose. Je m'en dis-
penserai, dussé-je rester ici un an. Dans ce cas je crois que
je ferai comme les Alexandrins, je m'habituerai à une promenade quotidienne sur les bords du canal Mahmoudié, et,
faute d'avoir quelques détails intéressans à vous envoyer sur
les choses, je recueillerai mes observations sur les hommes.
Il faudra bien vous en contenter.

Sur les bords du canal Mahmoudié, on voit d'assez jolies villas européennes et de beaux jardins tout fleuris. L'ombre ne doit pas y être bien protectrice en été, mais enfin ils sont si pleins de fleurs en hiver. qu'on peut bien avoir le désir, quand on est riche et Alexandrin, de posséder son jardin près du canal.

S. A. en a acheté un il n'y a pas longtemps, et les plantations d'agrément ont été détruites, comme de coutume. Cet achat a rendu plus précieux les enclos fleuris des autres propriétaires.

Pour se distraire, à Alexandrie, on pourrait à la rigueur faire aussi des promenades en mer ou sur le canal, mais les Alexandrins sont séparés de la mer par toute la ville arabe, et les promenades sur le canal auraient, dans cette saison, les inconvéniens d'une trop grande humidité le soir au coucher du soleil. Malgré l'absence de garde-fous, de bornes ou de parapets, pour prévenir les accidens, les voitures de ces messieurs et de ces dames vont tous les jours au bord du canal. On regrette en s'y promenant de ne pas y trouver un peu moins de poussière. L'arrosage y serait si facile avec un peu plus d'alignemens pour les clôtures et quelques dispositions d'une voierie efficace et intelligente ! Un préfet de la Seine devrait bien passer par là.

A propos de voirie, j'ai oublié de vous dire qu'ici, excepté deux ou trois, les rues n'ont pas de nom, et les maisons pas de numéros. Ne sera-ce pas une amélioration facile qui fera le plus grand honneur au gouverneur de la ville? Mais revenons au Mahmoudié ; il faut que je vous y fasse faire connaissance avec une de ces dahabiehs ou barques pontées sur lesquelles on s'installe pour remonter le Nil, pour y vivre en bon air pendant des semaines, pour y voyager commodément jusqu'à la première cataracte.

La dahabieh ressemble beaucoup aux anciennes felouques de la Méditerranée. Elle a un mât avec une grande voile latine à l'avant, un autre plus petit à l'arrière. Quinze ou seize hommes la manœuvrent ou la remorquent au besoin. Le patron, appelé raïs, reste toute l'année au service de la barque, il la garde et il la soigne au port ; payé par le propriétaire, il est chargé de recruter un équipage pour la manœuvrer sous ses ordres quand on veut se mettre en route. Malgré l'autorité de ce capitaine improvisé sur son équipage de raccroc, les voyageurs prudens font bien de se précautionner contre les exigences possibles des matelots ainsi engagés.

On riait beaucoup l'autre jour en me racontant la mésaventure d'un gentleman, obligé, il y a un an, d'interrompre son voyage sur le haut Nil, entre la première et la deuxième cataracte, parce que ses bateliers voulaient le rançonner par trop à chaque halte du soir. sous prétexte d'acheter des vivres pour la journée du lendemain. Cela leur valut bien quelques centaines de coups de bâtons que l'Anglais leur fit ad-

ministrer par la police du premier poste qu'il rencontra ;
mais il ne pouvait continuer son voyage avec leurs deman-
des incessantes de backchiches, et il abandonna la dahabieh,
qu'il avait louée assez cher pour espérer mieux de son voyage solitaire (1). Au reste, comme le logement ne manque pas
à bord , puisque sous la dunette à l'arrière , certaines dahabiehs ont salon , salle à manger et chambres à coucher , on
peut facilement voyager en famille ou en compagnie ; et devant plusieurs Européens réunis , les Barbérins , ce sont les
matelots , ainsi nommés de la province dont ils sont origi-
naires, ne bronchent jamais.

N'est-ce pas l'occasion , à propos des Barbérins , dont le
nom est venu sous ma plume, de vous parler un peu de toutes ces races barbérines, nubiennes, abyssiniennes, turques,
arabes ou autres si diverses composant la population de
l'Egypte ? Le sujet est tentant , mais la question est ardue .
et il faudrait savoir bien des choses que je ne sais pas, pour
la traiter *ex professo*. Un fait cependant me paraît acquis,
d'après ce que me disait , pendant une de nos promenades
*extrà-muros* , un médecin français philosophe établi depuis
plusieurs années dans ce pays. Ce fait, c'est que le climat, le
sol ou la nourriture en Egypte , peut-être toutes ces causes
réunies, exercent une influence absorbante , je dirai , non-
seulement sur les hommes et sur les animaux , mais aussi
sur les plantes importées d'autres pays , et qui semblent
d'abord s'y acclimater si facilement. Selon lui , la race des
fellahs seule , c'est-à-dire celle du peuple vivant dans les
campagnes , et celle des Arabes vivant près du désert sous
les tentes, se conservent avec leur type primitif, et la repro-
duction n'est pas pour elles une cause de détérioration successive au physique et au moral, comme pour toutes les autres. Donc, obéissante et passive, la race fellah semble encore à mon médecin être la race des ouvriers par qui l'on fit
construire les pyramides , tandis que les races qui ont successivement envahi ou dominé l'Egypte n'ont pu se perpé-
tuer avec leurs qualités propres dans son milieu ni se croi-
ser utilement avec les indigènes. Nos familles européennes,
établies ici en grand nombre, subissent toutes, dès la première génération, cette influence absorbante ou amoindrissante,
comme vous voudrez ; et pour toutes, le besoin se fait sentir
d'envoyer se développer et se retremper dans l'air de l'Europe les enfans dont l'Égypte et son influence changeraient peu
à peu la constitution et les facultés. Tout est si doux et si
énervant dans ce pays, que le cerveau humain s'y assimile-
rait comme les légumes et les animaux de nos climats. Je
crois d'autant plus volontiers à la vérité de ce système ou

(1) Une belle dahabieh se paie jusqu'à 1,000 francs de
location par mois, nourriture et gages de l'équipage compris.

de ces idées de mon docteur , que j'ai pu en  apprécier l'application à propos des animaux.

J'ai habité dans mon enfance des pays d'Italie où le buffle est presque un animal sauvage ; il y est tout au moins bien difficile à conduire. Je me souviens des émotions produites dans les villages de la Toscane voisins de la Maremma, à l'époque du passage des troupeaux de buffles changeant de résidence et non encore domptés par l'anneau de fer qui leur pincera plus tard les naseaux pour la domesticité. Ce sont des cavaliers armés de lances ou d'épieux les escortant, des chiens qui les mordent, et des enfans et des femmes fuyant devant eux  Eh bien ! en Egypte, les buffles sont devenus les plus doux et les plus inoffensifs des êtres. Ils y sont en grand nombre ; les enfans les gardent et les conduisent sans peine en troupeaux dans les champs ; ils les montent comme les plus obéissans des quadrupèdes pour traverser les canaux qui coupent la campagne, et les plus pacifiques de nos bœufs sont moins obéissans. Je ne vous citerai pas encore, à l'appui de cette opinion sur la mansuétude des êtres vivant en Egypte, les bonnes qualités de sociabilité des étalons, placés sans inconvénient côte à côte avec les jumens dans les écuries ou dans les rangs de la cavalerie du vice-roi. Je me borne à vous dire que dans mes promenades, j'ai rencontré maintes fois des taureaux que l'on aurait bien de la peine à forcer de prendre les allures batailleuses et guerrières des combattans des cirques espagnols.

Admettons pour un moment entre nous que les races conquérantes, guerrières ou dominatrices s'énervent ou disparaissent sur les bords du Nil. Ne trouve-t-on pas là une cause pour l'existence successive de ces trente deux dynasties de rois dont l'histoire se recompose chaque jour plus complète par les hiéroglyphes ? N'y avait-il pas là une raison pour la prolongation du pouvoir des chefs mamelucks sans cesse renouvelés ? Et n'y avait-il pas peut-être à se préoccuper de ce fait physiologique quand, pour fonder une politique nouvelle en Orient, on décréta en protocoles l'hérédité dans la famille du vigoureux Méhémet-Ali, l'Albanais ? Ici, vous me permettrez de m'arrêter. Le sujet devient de plus en plus délicat ; je vais presque faire de la politique, et les idées d'un médecin, racontées par un ignorant à propos de radis creux, de carottes filandreuses et de cerveaux ramollis, n'ont rien à faire avec la politique.

Alexandrie, décembre 1858.

Revenons donc bien vite aux dahabiehs et au canal, sur les eaux duquel je les vois en si grand nombre attendant le moment de descendre, chargées des produits de la haute Egypte, jusque dans le port d'Alexandrie, où débouche le canal, ou bien prêtes à remonter vers les grandes eaux du Nil vers le Caire, où elles s'arrêteront à Boulak. C'est si grand plaisir d'apercevoir leurs grandes voiles blanches se dessinant comme des ailes de gigantesques oiseaux sur l'azur embrasé de l'horizon, quand le vent est, le moins du monde, favorable, ou de les rencontrer remorquées par leurs équipages et encombrées de voyageurs comme nos coches d'autrefois! Les costumes y paraissent si pittoresques, soit que les fellahs y soient en majorité, avec leurs grandes robes ou tuniques bleues ou blanches drapées ou relevées à la juive et leurs simples tarbouches rouges sur la tête; soit que les turbans blancs, rouges ou verts (ce sont ceux des fervens mahométans ayant fait le pèlerinage de la Mecque) y soient en plus grand nombre. Tout ce monde flottant s'établit par groupes, aux poses bibliques, dont l'aspect de nos voyageurs européens sur nos bateaux à vapeur, toujours plus ou moins turbulens, agités ou gesticulant, ne peut donner une idée.

Au reste, le canal Mahmoudieh est assez large pour que les mouvemens de la navigation la plus active y soient très faciles : on le prendrait volontiers pour une rivière, rivière de main d'hommes dont les travaux de creusement et de curage, exécutés dernièrement, ont fait comprendre la valeur du travail égyptien dans l'antiquité, quand les fellahs, assemblés en grandes corvées par le vice-roi, s'y croisaient par milliers comme des fourmis, dans un apparent désordre entremêlé de cris et de chants, et arrivant à faire en peu de temps des tâches que l'on aurait pu croire impossibles si l'on ne connaissait pas cette manière de travailler. C'est ainsi que l'on creusera sans doute le canal de Suez, dont on s'occupe tant en ce moment. Depuis que je vois l'Egypte, je crois, quant à moi, que, les machines aidant, on fera très facilement cette œuvre providentielle. Un de nos conducteurs des ponts et chaussées, qui a campé bien des mois dans le désert près de Suez, m'a donné sur ce sujet des renseignemens que je pourrai plus tard vous transmettre. En attendant, sachez que l'on inaugure, aujourd'hui 4 décembre 1858, l'entrée des locomotives dans Suez. On disait aussi le chemin de fer impossible..... Le vice-roi d'Egypte l'a voulu, et le chemin de fer est fait. Il en sera de même de ce fameux canal, dont Mohamed-Saïd aura encore les honneurs dans l'histoire, à moins que la politique égoïste de l'Angleterre n'y mette obstacle.

Mais n'allons pas si loin dans notre promenade d'aujour-
d'hui. Sur les bords du canal où nous sommes, l'odeur des
fleurs du jardin de Moharem-Bey, où le public est admis, devient de plus en plus pénétrante à mesure que le soleil se
rapproche de l'horizon. Le crépuscule est court ; la fraîcheur
du soir va commencer. vous l'excuserez bien au mois de
décembre, et mon docteur m'a recommandé de l'éviter après
avoir subi l'ardeur du soleil dans la journée.

Cette influence de la fraîcheur du soir à Alexandrie est
cause, dit-on, de beaucoup d'inconvéniens pour les gens qui
ne sont pas du pays. Gardez-vous-en donc si vous venez ici !
A part cela, je ne comprends pas trop pourquoi l'on a fait
autrefois une si mauvaise réputation hygiénique à la cité
d'Alexandrie. On croyait ou l'on disait alors que la peste,
puisqu'il faut l'appeler par son nom, était une maladie endé-
mique en Egypte, ou tout au moins qu'elle s'y développait
plus facilement que dans tout autre pays. La chaleur du climat semblait à tout le monde devoir être une des causes les
plus actives de propagation du fléau ; et avec une aussi bonne
raison, cette opinion ne paraissait pas même susceptible de
discussion. Or, remarquez que les observations recueillies
ont prouvé que la peste s'était toujours montrée en hiver, et
qu'elle finissait à la Saint-Jean, précisément à l'époque où
commencent les grandes chaleurs. Je ne veux rien dire de
plus sur un si vilain sujet. Je ne suis ni contagioniste ni
non-contagioniste ; seulement, je vois qu'à Alexandrie on se
porte très bien, qu'il y a un service médical très bien établi
pour la navigation, et je vous raconte simplement tout ce
que j'ai entendu dire à propos des dernières quarantaines ordonnées dans nos ports de France pour les navires prove-
nant d'Egypte (1).

Brisons donc mes observations ou bavardages sur ce *mal
qui répand la terreur*, et pour finir ma causerie aujourd'hui,
voulez-vous que je vous raconte une danse d'almée dont
moyennant quelques louis j'ai pu me procurer le spectacle ?
Le sujet est scabreux. Comment pourrais-je le traiter, si par
hasard la censure vous défendait de publier en France un tableau palpitant de ce que la police égyptienne défend de faire
publiquement, ici et au Caire ? Je vous dirai tout simplement
que la danse arabe de la Guêpe, par exemple, m'a paru être

(1) En 1835 un jeune médecin parisien vint nous voir à sa
sortie de quarantaine. Je suis allé en Egypte, nous dit-il,
pour savoir si la peste se prenait. — Et l'avez-vous prise ?
— Oui. — C'est fort heureux, car si vous aviez échappé au
mal qui frappait tout le monde autour de vous, je vous en-
tendrais en ce moment soutenir que ce mal ne se prend pas.
Et voilà comme raisonnent, en matière de peste, les Parisiens, même sages et instruits.          H. ABEL.

le type originaire de tous les boléros, fandangos, seguidillas cahuchas que la **Petra Camara** et autres danseuses espagnoles ont fait apprécier aux amateurs parisiens. Seulement, le *meneo* arabe est plus accentué que le *meneo* espagnol, le costume moins européen et surtout moins bien agrafé.

Finissons la soirée comme je l'ai finie hier, en assistant, spectateur silencieux et muet, à une veillée arabe parmi des gens du peuple, à l'occasion d'un mariage, tout près de mon logement. C'étaient des chants d'une mélodie rêveuse, quelquefois, mais rarement, accentuée, comme celles dont Félicien David vous a donné sans doute quelques échantillons, avec accompagnement d'instrumens à vent ou de guitares imparfaites, nommées je ne sais comment. Ce sont des tambourins marquant la mesure que des mains nombreuses marquent en même temps. On fume des cigarettes, des pipes et même des chichés, autrement dit des narghilés, pour les plus délicats, en prenant du café. On est en plein air, assis ou couchés à la porte de quelques cases ou maisons de terre agglomérées dans un coin non encore bâti du quartier européen ; chaque Arabe invité ou non, vient y prendre place, éteignant son falot réglementaire à mesure qu'il pénètre dans l'enceinte qui n'est plus la voie publique soumise aux prescriptions de la police. Et tandis qu'avec mon Ali mon porteur de falot, je suis à remarquer ces poses, à observer ces mains, à entendre ces chants, personne d'eux ne s'inquiète de voir un monsieur en chapeau rond qui semble considérer comme un spectacle curieux une cérémonie ou une fête de famille à laquelle il n'est pas invité. Je ne sais pas si un intrus, à l'une de nos barrières, où l'on fait nôces et festins, serait aussi bien reçu. C'est que les Egyptiens sont naturellement très tolérans en toutes choses comme en fait de culte et de religion. J'ai plus d'une fois remarqué leur attitude quand ils voient passer par les rues un convoi catholique ou grec avec son cortége de prêtres et de croix : ils ne songeaient certainement pas à les insulter, même mentalement. Heureuse tolérance, que tous les pays d'islam sont si loin d'avoir acceptée ! Alexandrie est cependant sur le passage de la Mecque, où va se retremper, dit-on, le fanatisme musulman. Je ne sais ce qui se passe là-bas à l'époque du fameux pèlerinage annuel ; je vous le dirai si j'y vais ; mais je vais vous dire tout de suite ce qui s'est passé ici un de ces jours derniers parmi des pèlerins revenant du saint lieu.

Quelques-uns, Arabes ou Bédouins, avaient eu maille à partir avec la police d'Alexandrie. Des bastonnades avaient été ordonnées. Les délinquans subissaient silencieusement et successivement leur peine, quand le dernier à bâtonner se refusa à présenter son échine aux cavass chargés de l'exécution. Grande stupeur parmi ceux-ci. Cet Arabe ou Bédouin se dit Français : il faisait partie d'une troupe de compatriotes algériens à qui le gouvernement français donne des passeports ou feui les de route pour accomplir leur pieux pèlerinage. Il réclamait donc pour ses épaules l'immunité de sa nationalité, et il l'obtint, grâce au consulat français. Les Arabes algériens se posent donc comme nos compatriotes parmi leurs compagnons de route religieuse! Le drapeau des Français conquérans est donc estimé, réclamé comme une protection, le cas échéant, par les Africains conquis! Cela doit finir par une assimilation plus complète entre les vainqueurs et les vaincus, ou je ne m'y connais pas. Tirez autrement de cette anecdote la conséquence que vous voudrez; pour moi, je vous la rapporte parce qu'elle m'a frappé, et je finis cette lettre en vous renouvelant l'expression de mes regrets si je ne vous dis pas des choses plus intéressantes. Mais le moyen, s'il vous plaît, de parler d'un pays dont on ne sait pas la langue, et de vous en raconter les intimités administratives, financières, militaires ou autres, quand on ne peut les étudier que par traducteurs, plus ou moins intéressés, *traduttori, traditori.*

VIATOR.

Publié à Marseille en septembre 1859.


*Le gérant du journal*, LIEUTAUD.

Marseille. Imprimerie V⁰ Marius Olive, rue Montgrand, 24.